卖神来了

一学就通 下

文言文

窦昕 ◎ 主编

人民邮电出版社

北京

图书在版编目（CIP）数据

窦神来了：文言文一学就通. 下 / 窦昕主编. --
北京：人民邮电出版社，2021.4
ISBN 978-7-115-56014-8

Ⅰ. ①窦… Ⅱ. ①窦… Ⅲ. ①文言文－基本知识
Ⅳ. ①H109.2

中国版本图书馆CIP数据核字(2021)第028970号

◆ 主　编　窦　昕
责任编辑　孙燕燕
责任印制　李　东　胡　南

◆ 人民邮电出版社出版发行　北京市丰台区成寿寺路 11 号
邮编　100164　电子邮件　315@ptpress.com.cn
网址　https://www.ptpress.com.cn
涿州市般润文化传播有限公司印刷

◆ 开本：700×1000　1/16
印张：16.25　　　　　　　　2021 年 4 月第 1 版
字数：167 千字　　　　　　2025 年 10 月河北第 24 次印刷

定价：65.00 元

读者服务热线：(010)81055256　印装质量热线：(010)81055316
反盗版热线：(010)81055315

光荣与梦想

——"大语文"系列丛书总序

穿过一丛金色的墨西哥橘，六岁的小红豆头戴粉盔，骑着一辆有辅助轮的浅粉色自行车前行。在她身后跟着的是三岁的小青豆，身穿蓝色背心，头戴蓝色头盔，滑着一辆海军蓝滑板车。

在这个温哥华的浅蓝清晨，我望着女儿小红豆和儿子小青豆的背影，"捏紧"了久违的放松的心。此刻，我的另一个"儿子"在太平洋彼岸舒展着拳脚，已经名扬神州、纵横四海，他就是十二岁的——"大语文"。

那一年际遇喜人，没落的"大宋皇裔"赵伯奇当时是北京大学游泳队的队长，俊美倜傥的郭华粹正要从英国返回国内，文坛世家陈思正将从哈佛大学启程，卸任了校学生会主席的朱雅特正要入住北京大学教育系设在万柳的高级学生公寓，北京大学辩论队队长"驴火歌王"邵鑫正准备离开校园到社会上去大展拳脚，而本书的主要执笔人——我的表弟张国庆，正收拾行囊欲来北京助我成就大事……那一年，我们大多毕业于北京大学、北京师范大学的中文系，本有着大不相同的人生规划。那一年，我许下了五个耀眼的愿望，如埋下了一粒豆子，让我们相聚在一起，簇拥着走上了同一条人生轨迹。

那一年，种瓜得瓜，种豆得"神"。神奇的"大语文"诞生了。

我的五个愿望：一愿我们投身于校外语文教育，让语文课变得有意思；二愿将"大语文"课程商业化，以丰厚的回报让"大语文"家庭过上富足的生活，同时让更多"北漂"的卓越人才敢于加入"大语文"队伍；三愿"大语文"课程走向全国，使更多孩子受益；四愿"大语文"课程进入学校，深度补充和影响校内语文教育；五愿"大语文"走向世界，吸引更多华裔及其他汉语学习者，使其对中国文学文化乃至世界文学文化产生浓厚的兴趣。

这是多么伟大的梦想！在被商业繁荣笼罩着的华彩世界里，我们愿意燃烧年轻的生命去照亮"大语文"，或是做烛去点亮"大语文"。

十二年后，当我们作为一家颇具潜力的上市公司被广泛关注时，回首过往，原打算用一生去实现的五个愿望已开始一一实现，而我竟然慢慢"冷却"了心头的欢喜。我对队友说，我现在开始不甘心了，我想留下些许代表作，让这些被汗水、泪水浸泡着的奋斗产生的价值能够长久留存。

那么，什么东西才能长久留存？战国时期最伟大的弩机大师随弩的入土而不闻于世，而孟子的浩然之气、庄子的逍遥自由总让千年后的人们神往。历代精美的琉璃制品、珍珠黄金、烟土枪械、米铺碾坊都随大江东去，罗摩与神猴、罗密欧与朱丽叶、《西游记》与《水浒传》、雨果与左拉、马克·吐温与杰克·伦敦却长久流传。

锐意进取、诚信无欺，精良的产品可以建立百年老店。

回归率真、淡泊功利，生动的文化才能够实现千载流传。

放下商业思维，忘记市场需求、获客成本等并无长久意义的盘算，回到我们出发时的问题：我们为何而来？我们欲往何处？我们的答案是只想做能够千载流传的好东西。

于是，在"大语文"步入青春期时，我们有了新的憧憬，这个憧憬可以命名为"新五大梦想"。第一，完成"大语文"系列丛书的出版，"大语文"系列丛书囊括校内学习、文学文化、写作技巧、课外阅读、非汉语母语者的汉语学习等诸多内容，能够为语文教育和中国文学文化的推广普及做出些微贡献。第二，以教育的视角，制作一部部精良的动漫剧集或真人影视剧，使千年来文学文化史上的关键信息和核心内容得以如"大河小说"一般记录下来。第三，以教育的视角，建立一个个还原各朝代文化场景的互动式文化体验馆，以浸入式话剧及其他高科技的交互方式使孩子们能够身临其境地体验"大语文"系列丛书中所讲述的各个时空场景。第四，研发一系列语文学科的人工智能学习工具，使学生能够低成本、高精度地解决在学语文中遇到的绝大多数问题。第五，牵头制定一项标准，该项标准能对所有汉语使用者（包括母语学习者、华裔非母语学习者、其他族裔非母语学习者、使用汉语的计算机软件）的汉语水平（尤其是对汉语背后的文化的认知水平）在同一体系内进行评价。

又是一粒愿望的豆子种下去，遥望，又是数十年。不知一个或几个十二年之后，我们这个队伍能否将"新五大梦想"一一实现。

有了"回归率真、淡泊功利，生动的文化才能够实现千载流传"的"大语文精神"，我衷心地希望大语文团队能够永秉对语文教育的赤诚之心，将这"火种"永传下去，不论是熊熊烈焰还是微弱火苗，皆然。

所幸，多年前，我的几位学生也已陆续加入了"大语文"队伍，看来我在他们少年时代埋下的梦想种子已经发芽。

小红豆喜欢绘画，她说她要和我合作画一本绘本，"会赚很多钱，然后送给你。"她说。我问："爸爸平时也不花钱，要那么多钱做什么呢？"小红豆嫣然一笑，她说："你可以用来做更多的书啊！"

这真是种豆得"神"了。

窦　昕

2019 年 8 月于温哥华

阅读说明

——古诗词、文言文应该怎么学

很多同学和家长都特别害怕古诗词和文言文，总是觉得看不懂、翻译不通，这是正常现象。其实只要掌握一个好的学习方法，就不用再害怕。

各个阶段的古诗词、文言文学习和考查的侧重点是不一样的，我们要从不同角度来看。

现在的部编版语文教材在小学三年级就出现了文言文篇目，出现的时间大大提前，但是难度并不大，所以，小学阶段的同学们要注重"通译"和"整体认知"。

什么是"通译"？"通译"就是让同学们在充分理解原文的基础上，用自己的话将文章从头到尾准确地翻译一遍。通译有两个要求：第一，字字落实，原文中的每一个字在译文中必须有对应；第二，尽量不改变语序和语气，使译文神似于原文，就好像是原作者用白话重新讲了一遍，这样有助于提高同学们的文言文语感。至于文言文的句式、词类活用等语法不必过分纠结。小学阶段的学生只要能做到正确通译每一篇学过的古诗文，就能在整个小学的文言文学习中名列前茅。

"整体认知"就是要用"知人论世"的方法去学习文言文和古诗词。很多时候，文学、文化背景比作品本身还要重要，因为本阶段的文本其实很简单，但是小学阶段正是给语文打基础的关键时期，同学们要有意识地建立基本的文学、历史脉络。其具体做法就是同学们在学习一首古诗词或一篇文言文时，要知道作品的写作背景和作者当时的相关经历。将这些文章的时代背景和作者的生平经历整合在一起，就能构建出一条基本的文学脉络。不仅孩子需要了解基本的文学脉络，家长也得有所了解。中国历史大体分为几个阶段？文学史又分为几个阶段？家长必须先了解这些通识性的知识，做到心中有数之后，才能正确引导孩子学习。

中学阶段的古诗词和文言文的难度逐渐提高，同学们在学习时要注意两点：知识体系和应用体系（答题体系）。古诗词、文言文的知识体系中最核心的 3 个部分是：实词、虚词和句式。在这三个部分当中，实词又是最重要的，所以，对于实词词义的辨析能力是核心中的核心。为什么实词最重要呢？因为在古诗词和文言文中，虚词的意思是由前后的实词决定的，所以只要理解了实词的意思，就能知道虚词是什么意思；如果知道了实词的意思，也知道了虚词的意思，那么一个句子到底构成什么样的句式，也就能顺理成章地判断出来了。实词、虚词、句式都清楚了，那么接下来在考试中遇到的不管是断句还是翻译等应用问题就都能轻松应对了。在这之后，同学们还需要通过考试经验的积累，掌握基本的古诗词、文言文的答题格式和答题技巧。那么针对"实词是核心"这一点，同学们需要做的就是每学一篇古诗词或文言文都要仔细钻研实词的注释，没有注释就查词典，了解文中每一个实词的意思。

如果同学们没有来得及在小学阶段构建文学、历史脉络，那么在中学阶段就需要"亡羊补牢"。

总的来说，古诗词和文言文的学习不仅需要我们吃透文本本身，尤其是积累实词义项，还需要我们了解作者、了解文本背后的文学背景和时代背景，构建文学脉络。对此，本书中将作品讲解分为"作品简介""作者简介""背景介绍""文本解析""窦神解读""拓展升华""必考必背""真题演练" 8 个板块，帮助大家轻松有效地学习文言文。

同学们在使用本书时，建议先阅读"作品简介""作者简介"

和"背景介绍"板块，大致把握作者生活的时代背景、相关经历和写作背景，揣测一下作者写作的目的；接着带着问题阅读这些文学大家的精彩文本，遇到不认识的字词先自行推断，然后对照"文本解析"和"窦神解读"的注释与分析来积累记忆；等你完全理解文意之后，就请合上书，感受作者当时的心境，用自己的话把原文逐字翻译一遍（最好动笔写下来）；本书中的"必考必背"板块，还直接帮同学们梳理了作品中最重要的语句，一定要背下来；最后，同学们还可以在"真题演练"板块检验一下刚刚学到的知识，小学就可以做对中考题，不要太惊讶哦。通过这样的学习，同学们的古诗词、文言文水平一定能稳步提高，也一定不会再惧怕文言文了！

作品简介：简单介绍作品的基本信息。

作者简介：简单介绍作者的基本信息。悄悄说一句，此部分内容都是很重要的文学常识！

背景介绍：包括时代背景（文学背景）、人物生平和写作背景等几个部分，主要谈一谈当时的历史事件，扒一扒诗人的别样人生，挖一挖小道的生活八卦。作品背后的故事都在这里。

文本解析：精准详细的注释、行云流水的翻译，帮你轻松疏通文意。重点字词的含义一定要积累下来！

窦神解读：本书主编窦昕老师为你个性化解读作品中的重点、难点和趣点，观点独家，别无分号哟！

拓展升华：剖析内涵、拓展知识，从优秀文学作品中获得启示！你学完之后有什么感悟呢？

必考必背：帮你梳理作品中经常考查的经典语句，一定要背诵哦！

真题演练：配备对应所学文本的中考真题、模拟题，让你学完就能小试牛刀。

目 录

马 说

—— 世有伯乐，然后有千里马

📘 作品简介

名称：《马说》

出处：《韩昌黎文集校注》

年代： 唐

体裁： 议论散文

哎！天下无马！

📗 作者简介

作者： 韩愈，字退之，世称"韩昌黎"

生卒： 768—824 年

籍贯： 河南河阳（今河南孟州）

成就： 著名的政治家、文学家、哲学家，"唐宋八大家"之首，发起古文运动，苏轼对韩愈有"文起八代之衰"的评价

作品：《韩昌黎集》

韩愈生平

1. 身世凄惨

韩愈出生于一个官宦家庭，他的父亲和祖父都是朝廷官员。韩愈有两个哥哥，大哥叫韩会，二哥叫韩介。"会"和"介"都是有"人字头"的字，所以韩愈的名字也是一个有"人字头"的"愈"，这个字有超越的意思。韩愈的父母在他年少的时候就去世了，他的大哥韩会当时是韶（sháo）州刺史，韩愈就由哥哥抚养。"长兄为父，老嫂比母"，大哥对他来说，是父亲一样的存在。后来大哥也去世了，他跟着寡嫂去为哥哥治丧。韩愈知道自己是孤儿，从小读书就非常刻苦、认真，从来都不需要别人嘉奖和勉励。韩愈做过国子监祭酒、京兆尹，死后被追赠为礼部尚书，这个职位就相当于现在的文化部兼教育部的部长。他活着的时候担任的基本都是三品以上的官职，所以现在大家可以看到他的精确画像。因为在当时，在朝廷为官的人官职一旦达到四品以上，就会有精确的画像流传下来。

2. 永不后退的"韩退之"

韩愈，字退之，生于 768 年，去世于 824 年，他出生的时间距离现在约一千三百年。"愈"这个字，有超越的意思，那他的字为什么要叫"退之"呢？

古人的名和字往往是一个系列的，名和字是相得益彰的。例如曹操，字孟德，操和德是一回事，是并列关系。秦观，字少游；陆游，字务观。在他们两人的名和字中，游和观的位置刚好是颠倒的。据宋人叶绍翁说，这是因为陆游的母亲在怀陆游的时候梦到了秦观，就把秦观的名和字反过来作为自己儿子的名和字。

上面提到的这些人及其余大部分的古人，他们的名和字都有相近的意思，而韩愈的名和字却是相反的。韩愈的名"愈"是"超越"的意思，字"退之"却是"后退"的意思。

韩愈，世称韩昌黎，他之所以被称为"昌黎"，是因为韩家是昌黎的名门望族，韩姓是昌黎的一个大姓，这种某一地域或范围内的名门大族在我国古代被叫作"郡望"。

韩愈的谥号单一个"文"字，是我国古代的文人谥号里最"牛"的。

3. "谏迎佛骨"事件

819年正月，当时的皇帝唐宪宗派使者前往凤翔迎接佛骨。因为皇帝推崇佛教，所以下面的官员也跟着学习，当时的长安城也掀起了信佛的狂潮。韩愈却对这种情况感到担忧，不顾个人安危，以《谏迎佛骨》这篇文章向皇帝进谏，要求把迎回来的佛骨烧毁。皇帝读了《谏迎佛骨》之后特别生气，打算处死韩愈。幸好当时的大臣们极力劝阻皇帝，迫于各方面的压力，皇帝没有杀掉韩愈，而是把他贬为潮州刺史。这件事在当时引起了轰动，韩愈因此一跃成为当时的名人。被贬到潮州之后，韩愈在当地做了很多好事，潮州人民特别爱戴他，潮州有纪念韩愈的祠堂，那里有一条河叫韩河，还有一座山叫韩山。真是"一片江山尽姓韩"！

4. 苏轼对韩愈的评价

苏轼这样评价韩愈："文起八代之衰，道济天下之溺。忠犯人主之怒，勇夺三军之帅。"

首先说"文起八代之衰"，这是指韩愈的文章水平力挽狂澜。从先秦的孔、孟、老、庄以后，历代文人的文章水平就一直在下跌，尤其是从东汉开始，东汉、魏、晋、宋、齐、梁、陈、隋，这八个朝代的文章水平始终在下降，可是韩愈出现之后力挽狂澜，将文章水平又提上来了。韩愈发起了古文运动，是古文运动的倡导者。韩愈、柳宗元、欧阳修、苏轼四人被称为"千古文章四大家"，他们四人再加上王安石、苏辙、苏洵和曾巩，被合称为"唐宋散文八大家"。

我们再说说"道济天下之溺"。唐朝的时候兴佛兴道，佛道盛行。"上有所好，下必甚焉"：皇上喜欢斗蛐蛐的时候，民间连一只蛐蛐都抓不到了，有篇文章《促织》就是写这个的；皇上喜欢听戏曲的时候，天下都流行戏曲了；皇上重视文化的时候，人们出门都要往手上、脸上抹墨水了，故意让人看了觉得自己刚练过字。这些都是"上有所好，下必甚焉"的例子。皇上喜欢佛家和道家，佛家和道家在民间就非常繁荣，儒家文化被打压得基本上快要消亡了。多亏了韩愈力挽狂澜，儒学才得以复兴，所以韩愈在儒家的地位非常高，是儒学的领袖，可以排到第三名，仅次于孔子、孟子。

"忠犯人主之怒"就是指韩愈很忠诚而冒犯了龙颜，说的就是前文介绍的"谏迎佛骨"事件。

最后说说"勇夺三军之帅"。唐宪宗去世后，唐穆宗登基。穆宗登基重用韩愈，把韩愈叫回来做了国子监祭酒，这个职位相当于现在的文化部兼教育部部长。后来朝廷任命他为宣慰使，派他去当时发生兵乱的镇州。同时代的诗人元稹说："不能让韩愈去战场，他要是死在战场上就太可惜了。"甚至皇帝在下了命令之后也后悔了，让他到了之后先观察观察，不要急着进入交战区，因为这样比较安全。但是韩愈骨子里"超越"的基因又发挥了作用，他认为必须要有人去完成这个任务，所以他毅然只身前往。果然，韩愈用他的勇气和智慧完美地完成了任务。

韩愈作为一个文人，一生之中能干这几件大事，真是死而无憾了。他成为千古文章四大家之首，拯救儒学，为后世儒生称道不已。他只在潮州做了很短一段时间的官，就被潮州人民记了一千两百多年，由此可以看出他是一个了不起的文人！

5.韩孟诗派

"韩孟诗派"以韩愈、孟郊、贾岛、李贺等人为代表，他们的诗风格相似。他们四人同病相怜，一生充满坎坷。他们主张"以丑为美"，他们对诗的美，与一般人的认识不太一样。他们喜欢用怪趣味、怪词语，打开了诗歌的新境界，但是他们创作的诗不在主流之内，在流传度方面不如元稹、白居易的诗。

在写文章方面，韩愈提出了"文以贯道"，认为写文章不应写空泛的内容，而是要说出道理。他的这个理论对后世产生了重大影响。

文学背景

1. 伯乐

伯乐是春秋时期秦穆公时候的人，名叫孙阳，以善于相（xiàng）马而著称。他认为相千里马要"得其精而忘其粗，在其内而忘其外"，意思是不要光看它的毛色、看它是不是长得很精神，而要看它的内在。就像看汽车不要光看它喷的是什么颜色的漆，而是要看它的发动机好不好。要看内在，不要光看外在。

2. 千里马的典故

这个典故出自《战国策》，"伯乐"这个词第一次出现在"老骥服盐车而上太行"这个典故里。有一匹千里马老了，拉着盐车来到太行山。它吃力地伸着蹄子，弯着膝盖向前走，尾巴下垂，脚掌也烂了，口水洒在地上，浑身汗水直流，拉到半山腰

便走不动了，驾着车辕不能继续上山。正巧伯乐遇到了它，他赶忙下了车，抚着这匹马心疼地哭起来，并脱下自己的麻布衣服盖在它身上。这时，千里马低着头、鼻子喷着气，又仰起头长鸣了一阵，洪亮的声音直达天际，好像是钟磬之类的乐器发出的声音一样。这是为什么呢？因为它知道伯乐是自己的知己啊！

3. 我国的马文化

古时候，人们把自己比作马，因为马是人类勤勤恳恳的好伙伴，它一般是一个好的标志。现代的企业管理中有个说法是能力强、人品好的人才叫马，很优秀的人才叫千里马。所以，马和人才在大多数时候是对应的。一般来说，只要提到千里马，其实大多数时候都不是在说马，而是在说人才，包括韩愈的这一篇《马说》，它既是在说人才，也是在说作者自己。辛弃疾在

"汗血盐车无人顾，千里空收骏骨"这句词中也是在用千里马自况，感慨自己空有一身抱负，却没有施展的机会。

人们特别喜欢马：马可以做交通工具，打仗的时候可以冲锋，做骑兵的坐骑等。古代也有很多名马。例如，有一匹黑色的马叫乌骓，有一匹白色的马叫的卢，有一匹红色的马叫赤兔……与马有关的成语也有很多，如龙马精神、金戈铁马、天马行空、马革裹尸、马到成功……

写作背景

韩愈的《马说》作于贞观十一年至十六年之间，也就是795—800年。787年，韩愈独自进京（即长安，今西安）赶考，然而他考进士失败了三次，直到第四次才考中。后来他三次考吏部的博学宏词科也都失败了。在这期间，他曾经三次上书给当时的宰相，请求宰相任用自己。他等宰相的回信等了四十多天，但是宰相仍然没有回复，所以韩愈的志向仍然不能够达成。一个想要为百姓做一点实事的读书人迟迟不能够得到任用，韩愈看不到自己的出路，因此感到十分沮丧。当时他结交的达官贵人也不能帮他引荐，所以他很失望。他把自己比作千里马，感慨自己空有满腹知识和报国热情，却没有伯乐来发现和赏识自己。正因如此，韩愈才发出"千里马常有，而伯乐不常有"的感叹！

 **文本解析**

马 说

唐·韩愈

扫码听音频

世有伯乐①，然后有千里马。千里马常有，而伯乐不常有。故虽②有名马，祇（zhǐ）③辱于奴隶人之手，骈（pián）死④于槽枥（lì）⑤之间，不以千里称也⑥。

① 伯乐：本名孙阳，字伯乐，春秋时秦国人，擅长相马。

② 虽：即使。

③ 祇：同"祇（只）"，只、仅。

④ 骈死：（和普通马）一同死。骈，本义为两马并驾，引申为并列。

⑤ 槽枥：马槽。

⑥ 不以千里称也：不以千里马而著称，指人们并不知道。

世上（先）有伯乐，然后才有千里马。千里马经常有，但是伯乐不常有。所以即使有名贵的马，也只是辱没在仆役的手中，（和普通马）一同死在马槽之间，不以千里马而著称。

马之千里者，一食①或②尽粟一石③。食（sì）④马者不知其能千里而食也。是马也，虽有千里之能，食不饱，力不足，才美不外见（xiàn）⑤，且⑥欲与常马等不可得，安⑦求⑧其能千里也？

① 一食：吃一次。

9

②或：有时。

③石：dàn，在古书中读 shí，重量单位，十斗为一石，约为 120 斤。

④食：同"饲"，喂。下文"而食""食之"中的"食"读音和意思与此相同。

⑤外见：表现在外面。见，同"现"。

⑥且：犹，尚且。

⑦安：怎么。

⑧求：要求。

（日行）千里的马，吃一次有时能吃完一石粮食。喂马的人不知道它能（日行）千里而（像普通马一样）喂养它。这样的马，虽然有（日行）千里的能力，但吃不饱，力气不足，才能和美德不能表现在外面，想要和普通马一样尚且做不到，怎么能够要求它（日行）千里呢？

策之①不以其道②，食之不能尽其材③，鸣之而不能通其意④，执策而临之，曰："天下无马！"呜呼⑤！其真无马邪⑥？其真不知马也！

①策之：用马鞭赶它。策，马鞭，这里是动词，用马鞭驱赶。

②不以其道：指不按照（驱使千里马的）正确方法。

③食之不能尽其材：喂它，却不能让它竭尽才能。材，才能、才干。

④鸣之而不能通其意：它鸣叫，却不能通晓它的意思。

⑤ 呜呼：表示惊叹，相当于"唉"。

⑥ 其真无马邪：真的没有千里马吗？其，表示加强诘问语气。

不按照（驱使千里马的）正确方法驱赶它，喂养它却不能让它竭尽才能，听千里马嘶鸣，却不能通晓它的意思，拿着鞭子面对它，说："天下没有千里马！"唉，难道真的没有千里马吗？大概是真的不认识千里马吧！

 **窦神解读**

1. "虽"字讲解

"虽"有两个意思，一个是"虽然"，另一个是"即使"。如果一句话中后面的半句话是真命题，我们就把它翻译成"虽然"；如果后面的半句话不能确定是真命题还是假命题，我们就需要把它翻译成"即使"，表推测。所以在原文的语境下，"故虽有名马"用的是"即使"这个意思。"是马也，虽有千里之能"中的"虽"就是"虽然"的意思了，因为这个马是已经存在的了，所以这里将"虽"翻译成"虽然"。

2. 一石小米是多少

石是一个重量单位。一石等于今天的多少斤呢？这一单位的换算每个朝代是不一样的。

一秦石大概等于60斤（30千克）。

一唐石大概为160斤（80千克）。

一宋石大概等于150斤（75千克）。

一清石大概等于140斤（70千克）。

1斛等于10斗。

千里马"一食或尽粟一石"，意思是千里马一顿饭能吃一石粮食。这里的"石"是唐石，按一石约为160斤计算，千里马一顿能吃这么多！

3. 文章结构分析

首先，正面提出"世上先有伯乐，然后才有千里马"的论点，因为如果没有伯乐，千里马就不会被发现，可见伯乐对千里马的命运有显著的影响。然后从反面展开议论，"千里马常有，而伯乐不常有"，千里马有没有？有，但是没人能发现它。紧接着又描绘了千里马被埋没的具体情形。最后揭示千里马被埋没的根本原因："其真不知马也"。天下不是没有千里马，而是因为没有懂千里马的人，不能发现千里马罢了。

微课扫一扫

拓展升华

"世有伯乐，然后有千里马"，有了伯乐才会有千里马，说明伯乐对千里马的命运起着决定性作用。韩愈在不得志的时候写了《马说》这篇文章，希望有伯乐，也就是有达官贵人来赏识当时只是一个读书人的自己，他自比为"千里马"，希望有伯乐赏识自己这匹千里马。韩愈最后幸运地实现了自己的愿望，但是或许还有很多千里马因为没有伯乐而被埋没了，这真是令人痛心而又遗憾的事情！

必考必背

1.世有伯乐,然后有千里马。千里马常有,而伯乐不常有。

2.策之不以其道,食之不能尽其材,鸣之而不能通其意。

 真题演练

阅读下面文言文选段,按要求答题。(2019年湖南省中考题)

世有伯乐,然后有千里马。千里马常有,而伯乐不常有。故虽有名马,祗辱于奴隶人之手,骈死于槽枥之间,不以千里称也。

马之千里者,一食或尽粟一石。食马者不知其能千里而食也。是马也,虽有千里之能,食不饱,力不足,才美不外见,且欲与常马等不可得,安求其能千里也?

策之不以其道,食之不能尽其材,鸣之而不能通其意,执策而临之,曰:"天下无马!"

呜呼!其真无马邪?其真不知马也。

1. 下列句子中,朗读节奏划分不正确的一项是( )。

　　A. 不以/千里称也　　　B. 食马者/不知其能千里而食也

　　C. 才/美不外见　　　　D. 且欲与常马等/不可得

2. 对下列句子中加点字的解释不正确的一项是( )。

　　A. 是马也(这)　　　　B. 食之不能尽其材(吃)

　　C. 执策而临之(马鞭)　 D. 策之不以其道(按照)

3. 将下列文言语句翻译成现代汉语。

（1）马之千里者，一食或尽粟一石

_____

（2）且欲与常马等不可得，安求其能千里也？

_____

（答案见附录）

师 说

——道之所存，师之所存也

 作品简介

名称：《师说》

出处：《韩昌黎集》

年代：唐

体裁：议论散文

 作者简介

作者：韩愈，字退之，世称"韩昌黎"

生卒：768—824 年

籍贯：河南河阳（今河南孟州）

成就：著名的政治家、文学家、哲学家，"唐宋八大家"之首，发起古文运动，苏轼对韩愈有"文起八代之衰"的评价

作品：《韩昌黎集》

背景介绍

❧ 韩愈生平 ❧

1. 刻苦求学

韩愈是河南河阳人，河阳就是今河南省孟州市，但韩愈说自己的祖籍是河北昌黎。"郡望昌黎"，意思是韩家在昌黎这个地方很有名望。韩愈去世之后，朝廷还追赠他为昌黎伯，所以后人称他为"韩昌黎"。苏轼说他"文起八代之衰"，后人评价他是"千古文章四大家"中的第一人，所以韩愈的文名十分显赫。

韩愈三岁丧父，由他的哥哥韩会抚养。韩会也是个文章大家。但后来，哥哥韩会也去世了，韩愈跟着嫂子回河阳。料理完哥哥的丧事之后，他又随嫂子辗转来到安徽宣城，并在此定居。韩愈知道自己是个孤儿，从小读书就很刻苦。嫂子郑氏非常贤淑，靠自己辛勤劳动养活了韩老成、韩愈叔侄二人，还供韩愈读书。韩愈先后参加了四次科举考试，终于考中了进士。有了"进士文凭"的读书人只是获得了做官的资格，之后，如果想要做官，只有两种方式：第一种是通过吏部的博学宏词科考试；第二种是有达官贵人的推荐，这样就可以直接跳过博学宏词科考试，进入铨（quán）选。韩愈无依无靠，只能参加吏部博学宏词科考试，也是考了四次才考上，获得了一个像样的官职。

2. 步入仕途

在铨选之前，也有几个人推荐过韩愈，他也担任过几个低

品级的官职，比如观察使、推官。这次他终于担任了一个正经点的官职，叫"国子监四门博士"，韩愈于是成为一个七品官。什么叫"四门"呢？四门是唐代的"六学二馆"之一。六学二馆是唐代中央官学制度，六学指的是国子学、太学、四门学、律学、书学、算学，都隶属于国子监，国子监是唐朝的最高学府；二馆指弘文馆和崇文馆，各设两个学士、两个校书郎，他们的职责是掌管图书、校理书籍。这些贵族学校大多是士族高官的子弟才能进入，像崇文馆，只有王侯公伯这一类有爵位的或者有军功的家庭的子弟才能入学。而韩愈早期的职业生涯，基本上可以用两件事概括。第一件事是在各类贵族学校任职。他做过太子庶人，相当于太子太傅的从官，就是给太子的老师当助教，也是太子的伴读。第二件事是修文史，因为他的文章水平很高。后来他出名，是因为他敢跟皇上唱反调，皇上一会儿想杀他，一会儿又觉得可惜，所以他就成了一个"明星"官员。最后，他掌管朝廷禁军神策军的时候，神策军的人想："韩愈连皇上都敢惹，我们可千万不要惹他。"于是他们都老老实实的，不敢得罪韩愈。如此，韩愈成了一个有名的铁腕官员。除此之外，韩愈还担任过国子监祭酒、京兆尹、御史大夫等三品、四品左右的显职，后来还担任兵部侍郎，这个职位相当于现在的国防部副部长，之后又改任吏部侍郎，就相当于现在的组织部副部长。他去世后，朝廷追赠他为礼部尚书，就相当于现在的文化部部长。韩愈的谥号为"文"，这是当时文官去世后能够获得的最高荣誉，比"文正"还要高一个级别。

3. 古文运动

　　韩愈通过铨选之后，担任国子监四门博士，他的主要工作是管教一些官宦子弟和一些有才干的平民子弟。任职期间，他逢人就推销自己的文学主张，就是要把骈文打散，提倡根据表达需要而自由设定句子长短的秦汉散文。具体来说，就要把原来讲究对仗句式的骈文，变成不受格式限制的散文，使文章更加便于事理的辩论和情感的表达，这就是韩愈所推崇的"文以明道"，也是古文运动的理论旗帜。韩愈是第一个发起古文运动的人，他的主张得到了同朝为官的柳宗元的大力支持。柳宗元的《永州八记》就是这场古文运动的重要成果。北宋也有一次古文运动，欧阳修、王安石、曾巩、苏洵（xún）、苏轼、苏辙（zhé）六人便是其中的代表，人们把宋朝的这六位文学家和唐朝的韩愈、柳宗元并称为"唐宋散文八大家"，后来直接简称"唐宋八大家"，可见这两场古文运动在中国文学史上的影响之深远。

4. 三启南云

　　韩文公祠的主殿有一块"三启南云"的牌匾，意思是韩愈一生曾三次到广东，把中原的文化带到了广东。第一次是他十岁的时候跟着兄嫂随任到韶州，因为他哥哥是韶州刺史。第二次是韩愈任监察御史，专门监察百官，结果得罪了权贵，被人诬陷，被贬为阳山县令。任监察御史一职的韩愈可以说是已经进入权力的中心，前途无量，飞黄腾达指日可待，结果却被贬为县令，很可惜。第三次是韩愈五十一岁时，他被贬潮州。当时皇上想要迎佛骨到宫内供养三日，但是韩愈看到当时众人狂热追捧佛教的社会现象，他认为这很不好，就上书一封《谏迎佛骨》，极论不应信仰佛教，因为会扰乱儒学的传播，建议皇帝把佛骨给砸了、烧了，以正风气。结果皇帝大怒，本打算把韩愈处死，但是大臣们求情。皇帝也不能不给这几个大臣面子，于是就放过了韩愈，把他贬到遥远的广东潮州，做了潮州刺史。韩愈把潮州治理得相当不错，还把中原的文化带到了潮州，潮州人民非常爱戴他。为了纪念韩愈，笔架山不再叫笔架山，而

叫韩山，鳄溪不再叫鳄溪，而叫韩江，就连韩愈亲手种的橡树，也不叫橡树，改叫韩树。甚至很多人把自己的姓都改成了"韩"，潮州出现了"一片江山尽姓韩"的人文奇观。直到现在，潮州人提到韩愈，还深深叹服。在潮州，有一座为纪念韩愈而修建的侍郎阁，一楼就是韩愈纪念馆，可见他做地方官的时候对当地文化的影响有多么深远！

5. 国子监四门博士与监察御史

韩愈曾经做过国子监四门博士，这个官职是多少品级呢？有的朝代是正七品上，有的朝代是从七品下，总之是个品阶不高的官职，该官职的主要职责是管教七品以上的侯、伯、子、男等的子弟以及有才干的庶人子弟。监察御史的品级更低，大概是个九品的官，所以在进朝廷的时候，此官职的官员不能走正门，只能走侧门，除了奏事之外，连宫廷都不允许进入。但从唐朝开始，监察御史的地位逐渐提高，因为任此官职的官员虽然品级不高，但权责很大，不仅可以监督百官，还可以巡查地方。监察御史可以弹劾官员，这个官职变成了一个很有希望、很有前途的官职，甚至连朝廷高官都对此官职颇为忌惮。朝廷对监察御史的要求也很高，任此官职的官员在推举或者弹劾别人的时候，如果犯了错误，如作弊、贿赂等，只要被发现，处罚也是相当重的。清朝的时候，监察御史的地位又有所提高，乾隆十七年（1752 年）被提升为从五品官。

6. 侍郎阁

潮州有专门纪念韩愈的"侍郎阁"，为什么叫侍郎阁呢？因为韩愈来潮州之前，做过户部侍郎。他一生做过好几个部的侍郎，侍郎就相当于现在的副部长，是东汉时期设置的官职，刚

进入部门的官员称"郎中"，任期满一年的叫"尚书郎"，《木兰诗》里的"可（kè）汗问所欲，木兰不用尚书郎"说的就是这个官职。在唐朝的时候，这个副部长——侍郎的任务比部长——尚书还要重，是一个非常重要的官职。尚书郎任满三年之后才称侍郎，可见，韩愈做京官的资历还是很老的。

❧ 写作背景 ❧

韩愈作这篇《师说》的时候，刚通过博学宏词科考试，刚做上国子监四门博士。有一个十七岁的小伙子叫李蟠（pán），他主动拜韩愈为师。韩愈很高兴，就写了这篇文章表扬他好学好问、尊师重教的品质，并借此严厉批评当时社会上耻于从师的不良风气。在韩愈的指导下，李蟠在第二年（803年）就考中了进士。

 **文本解析**

师 说

唐·韩愈

扫码听音频

古之学者①必有师。师者，所以传道受业解惑也②。人非生而知之③者，孰能无惑？惑而不从师，其为惑也④，终不解矣。生乎吾前⑤，其闻⑥道也固先乎吾，吾从而师之⑦；生乎吾后，其闻道也亦先乎吾，吾从而师之。吾师道也⑧，夫庸知其年之先后生于吾乎⑨？是故⑩无贵无贱，无长无少，道之所存，师之所存也⑪。

① 学者：求学的人。

② 师者，所以传道受业解惑也：老师，是用来传授道、教授学业、解释疑难问题的人。所以，用来……的。受，同"授"，传授。

③ 生而知之：生下来就懂得知识和道理。之，指知识和道理。

④ 其为惑也：那些成为困惑的问题。

⑤ 生乎吾前：即"生乎吾前者"。者，……的人。乎，相当于"于"。

⑥ 闻：知道，懂得。

⑦ 从而师之：跟随他学习，即以他为老师。

⑧ 吾师道也：我学习的是道。师，学习。

⑨ 夫庸知其年之先后生于吾乎：哪管他是生在我之前还是生在我之后呢？庸，表示反问语气。

⑩ 是故：因此，所以。

⑪ 道之所存，师之所存也：道存在的地方，就是老师在的地方。意思是谁懂得道，谁就是自己的老师。

古代求学的人一定有老师。老师，是用来传授道理、教授学业、解答疑惑的人。人不是生下来就懂得道理的，谁能没有疑惑呢？（有了）疑惑，如果不随从老师（学习），那些成为疑难问题的，就最终不能理解了。（有的人）比我早出生，他懂得道理本来就早于我，我（应该）跟随（他），把他当作老师；（有的人）比我晚出生，（如果）他懂得的道理也早于我，我（也应该）跟随（他），把他当作老师。我（是向他）学习道理啊，哪管他是生在我之前还是生在我之后呢？因此，无论地位高低，无论年纪大小，道存在的地方，就是老师存在的地方。

嗟乎！师道①之不传也久矣！欲人之无惑也难矣！古之圣人，其出人②也远矣，犹且③从师而问焉；今之众人④，其下⑤圣人也亦远矣，而耻学于⑥师。是故圣益圣，愚益愚⑦。圣人之所以为圣，愚人之所以为愚，其皆出于此乎？爱其子，择师而教之；于其身⑧也，则耻师⑨焉，惑⑩矣。彼童子之师，授之书而习其句读（dòu）⑪者，非吾所谓传其道解其惑者也。

① 师道：尊师学习的风尚。

② 出人：超出一般人。

③ 犹且：尚且，还。

④ 众人：一般人。

⑤ 下：低于。

⑥ 于：向。

⑦ 圣益圣，愚益愚：圣人更加圣明，愚人更加愚昧。益，更加、越发。

⑧ 身：自己。

⑨ 耻师：以从师学习为耻。

⑩ 惑：糊涂。

⑪ 授之书而习其句读：教给他书本的文字，（帮助他）学习句读。句读，指断开句子的知识。一句话后面的停顿为句，一句话中间短暂的停顿为读。古书没有标点，所以要学习句读。

唉，（古代）尊师学习的风尚不流传已经很久了，想要人没有疑惑也很难啊！古代的圣人，他们超出一般人很远，尚且跟随老师而请教；现在的一般人，他们（的才智）远低于圣人，却以向老师学习为耻。因此圣人更加圣明，愚人更加愚昧。圣人之所以能成为圣人，愚人之所以能成为愚人，大概都是由于这个原因吧。（人们）爱自己的孩子，就选择老师来教他，（但是）对他自己呢，却以向老师（学习）为耻，真是糊涂啊！那些孩子们的老师，是教他们读书，（帮助他们）学习断句的，不是我所说的能传授道、解答疑难问题的老师。

　　句读之不知①，惑之不解，或师焉，或不（fǒu）焉②，小学而大遗③，吾未见其明也。巫医④乐师⑤百工⑥之人，不耻相师⑦。士大夫之族⑧，曰师曰弟子云者，则群聚而笑之。问之，则曰："彼与彼年相若⑨也，道相似也，位卑则足羞，官盛则近谀（yú）⑩。"呜呼！师道之不复⑪，可知矣。巫医乐师百工之人，君子不齿⑫，今其智乃⑬反不能及，其可怪也欤（yú）⑭！

　　① 句读之不知：不明句读。下文"惑之不解"结构同此。

　　② 或师焉，或不焉：有的向老师学习，有的不向老师学习。前一个"或"指代"句读之不知"，后一个"或"指代"惑之不解"。不，同"否"。

　　③ 小学而大遗：小的方面要学习，大的方面却放弃了。

　　④ 巫医：古代巫和医不分，故并举。巫主要以祝祷、占卜等为业，也为人治病。

　　⑤ 乐师：以演奏音乐为职业的人。

　　⑥ 百工：泛指各种工匠。

⑦ 不耻相师：不以拜别人为师为耻。

⑧ 族：类。

⑨ 年相若：年龄差不多。

⑩ 位卑则足羞，官盛则近谀：以地位低者为师，就感到十分耻辱；以官职高者为师，就觉得是近乎谄媚。

⑪ 复：恢复。

⑫ 不齿：不与同列，意思是看不起。齿，并列、排列。

⑬ 乃：竟。

⑭ 欤：语气助词表示感叹。

（一方面）不通晓句读，（另一方面）不能解决疑惑，有（句读方面的问题）向老师学习，有（疑惑）却不向老师学习；小的方面要学习，大的方面却放弃（不学），我没看出那种人是明智的。巫医、乐师和各种工匠这些人，不以拜别人为师为耻。士大夫这类人，（听到）称"老师"称"弟子"等这些话，就聚在一起讥笑人家。问他们（为什么讥笑），就说："他和他年龄差不多，道德学问也差不多，以地位低者为师，就感到羞耻；以官职高者为师，就觉得是近乎谄媚了。"唉！（古代那种）跟随老师学习的风尚不能恢复，（从这些话里就）可以明白了。巫医乐师和各种工匠这些人，君子们不屑一提，现在他们的见识竟反而赶不上（这些人），真是令人奇怪啊！

圣人无常师①。孔子师郯（tán）子②、苌（cháng）弘③、师襄④（xiāng）、老聃⑤（dān）。郯子之徒⑥，其贤不及孔子。孔子曰：三人行，则必有我师。是故弟子不必⑦不如师，师不必贤于弟子，闻道有先后，术业⑧有专攻⑨，如是而已。

① 常师：固定的老师。

② 郯子（生卒年不详）：春秋时郯国（今山东郯城一带）的国君，孔子曾向他请教官职的名称。

③ 苌弘（生卒年不详）：周敬王时的大夫，孔子曾向他请教过音乐方面的事情。

④ 师襄（生卒年不详）：春秋时鲁国的乐官，孔子曾跟他学琴。

⑤ 老聃：即老子，孔子曾向他问过礼。

⑥ 郯子之徒：郯子那些人（指上面说的四个人）。徒，同类的人。

⑦ 不必：不一定。

⑧ 术业：学术技艺。

⑨ 专攻：专门学习或研究。攻，学习、研究。

圣人没有固定的老师。孔子曾以郯子、苌弘、师襄、老聃为师。郯子那些人，他们的贤能都比不上孔子。孔子说："几个人一起走，（其中）一定有（可以当）我的老师（的人）。"因此学生不一定不如老师，老师不一定比学生贤能，听到的道理有早有晚，学问技艺各有专长，如此罢了。

李氏子蟠①（pán），年十七，好古文，六艺经传②（zhuàn）皆通③习之，不拘于时④，学于余。余嘉⑤其能行古道⑥，作《师说》以贻⑦（yí）之。

① 李氏子蟠：李家的孩子叫蟠的。即李蟠，唐德宗贞元十九年（803年）进士。

② 六艺经传：六经的经文和传文。六艺，指《诗》《书》《礼》《乐》《易》《春秋》六种经书，其中《乐》久已失传。传，古代解释经书的著作。

③ 通：全面。

④ 不拘于时：不受时俗的限制。时，时俗，指当时士大夫中耻于从师的不良风气。

⑤ 嘉：赞许。

⑥ 古道：指古人从师之道。

⑦ 贻：赠送。

李家的孩子名叫蟠，十七岁，喜欢古文，六经的经文和传文都全面地学习了，不受时俗的拘束，向我学习。我赞许他能够遵行古人从师之道，写这篇《师说》送给他。

 窦神解读

1. "师"的含义

《师说》中的"师"，不只是学校里的老师，韩愈说的"师"，有点像孔子和曾子、子路、子贡的这种关系。能给你传授道理和技艺、解答疑惑的人，都可以是你的老师。"师道之不传"，说的是从孟子带徒弟之后，儒家的师道就失传了。

微课扫一扫

孔子的"师道"仅仅传了曾子—子思—子思学生—孟子，到了孟子这里就结束了。所以韩愈一心想复兴儒家的师道，认为国家需要有像孔子这样的老师来传道、授业、解惑。魏晋时期最不重视师道，因为魏晋时期是个贵族社会，士族门阀制度使得这些贵族子弟特别骄傲，不愿意拜人为师。如果要找老师，这些士族门阀内部的人就可以教育子弟，比如谢安就是他们谢家的"幼儿园园长"，子侄辈都由谢安来管教。所以从魏晋以来，不重视老师的风气就已经形成。到了唐朝，也没有师徒制，只有韩愈十分愿意给人当老师。当时人们都嘲讽韩愈这种"好为人师"的行为，而韩愈不以为意，还写了这篇《师说》来斥责社会上的这种错误言论，论证"学有师"的重要性。

史书里说，韩愈这个人性格棱角分明，不圆滑，与别人交往，从来都不会改变原则，也不会变通，很喜欢指点他人，那些年轻人经他指点往往能够变得很有名气。"经愈指授，皆称韩门弟子，愈官显，稍谢遣，其徒李翱（áo）、李汉、皇甫湜（shí）从而效之，遽（jù）不及远甚，若孟郊、张籍，亦皆自名当时。"可见韩愈天生就是做老师的料，不然苏轼怎会称赞韩愈是"匹夫而为百世师，一言而为天下法"呢？

2. "是故圣益圣，愚益愚"

"是故圣益圣，愚益愚"这句话的意思是，因此圣人更加圣明，愚人更加愚昧。这与西方的马太效应很像，马太效应是指强者愈强、弱者愈弱的现象，是社会学家和经济学家们常用的术语，反映的社会现象是两极分化。

3. 巫医

"巫医"就是巫师和医师，在商周时期，巫、医不分。在那个时期，医学不发达，古人生病了就求助鬼神给自己治病，于是就产生了巫医这个职业，巫医比专业巫师多懂一些医药知识，自称能够与鬼神交流沟通，借用神力给人看病。在治疗形式上，巫医是用巫术营造一种神秘的气氛，对病人有安慰、定神的心理作用，但要真正治疗病人身体上的病，还是需要借用药物或采取技术性治疗手段，所以巫、医往往并提。直到春秋时期，巫、医正式分家，从此巫师不再治病救人，而医生也不再求神问鬼，只负责救死扶伤。

4. 圣人无常师

像孔子那样的圣人还曾向很多人拜师学习，如我们比较熟悉的老子（老聃），但苌弘、郯子、师襄三人鲜为人知，他们没有老子有名，但是仍有某些方面值得孔子学习，孔子甚至会向小孩子学习。

苌弘是周朝大夫，通晓天文地理，对历法和数学很有研究，他尤为精通音乐，还写了一本《乐经》。孔子向他请教过"乐"方面的问题。

郯子也可以说是孔子的老师，郯子是鲁国的附庸小国郯国的国君，是"二十四孝"故事里"鹿乳奉亲"的主人公。鲁昭公十七年（公元前525年），郯子向鲁国大夫昭子回答了关于少昊时以鸟名官的问题，孔子听说后，就去拜见郯子向他求教。

师襄是鲁国的乐官，也有一说是卫国乐官。他非常善于击磬，孔子跟他学过琴。相传，孔子还曾经亲自前往东都洛阳拜访老子，向老子请教"礼"的问题。在这之后，孔子还分别在沛县、安庆、大梁（今河南开封西北）等地请教老子，孔子十分崇拜老子，称他为"能腾云驾雾的、龙一般的人物"。除了以上四位，孔子还敬鲁国的神童项橐（tuó）为师。《三字经》说："昔仲尼，师项橐，古圣贤，尚勤学。"说的就是项橐"七岁而为孔子师"的故事。当年孔子任中都宰时，路过兖（yǎn）州城旧关村，看见一个小孩在地上画了座城，不肯让路，孔子下车质问，小孩却说："我听说孔子学问渊博，如今看来不过如此，从来都是马车绕着城走，哪有城给车让路的？"孔子不服，又提了好多刁钻的问题来刁难这个小孩，结果小孩对答如流，孔子只好"绕城而过"，对这个七岁小孩深深叹服！

📚 拓展升华

韩愈这里说的"师道"不同于现在学校里的师传生的灌输式的教学方法，而是一种探讨式的、启发式的、点拨式的教育方式，这一点越来越被当代教育家重视。孔子说："不愤不启，不悱（fěi）不发。"这句话的意思是，（老师）不到学生百思不得其解的程度不去开导他，不到学生心里明白却不能完善表达的程度，不去启发他。你更喜欢哪一种教学方式呢？

📚 必考必背

1. 师者，所以传道受业解惑也。人非生而知之者，孰能无惑？

2. 是故弟子不必不如师，师不必贤于弟子，闻道有先后，术业有专攻，如是而已。

📚 真题演练

阅读韩愈的《师说》，回答 1 ~ 4 题。（2020 年湖北省随州市中考题）

1. 下列对文中断句的划分，正确的一项是（　　）。

A. 彼童子之师授之 / 书而习其句读者也非吾所谓 / 传其道解

其惑者也

  B. 彼童子之师 / 授之书而习其句读者也 / 非吾所谓传其道解

   其惑者也

  C. 彼童子之师授之 / 书而习其句读者也 / 非吾所谓传其道解

   其惑者也

  D. 彼童子之师 / 授之书而习其句读者也非吾所谓 / 传其道解

   其惑者也

2. 下列句中加点字的意义和用法，相同的一项是（   ）。

  A. 是故圣益圣，愚益愚   香远益清，亭亭净植（《爱莲说》）

  B. 吾从而师之   十年春，齐师伐我（《曹刿论战》）

  C. 所以传道受业解惑也   乡为身死而不受（《鱼我所欲也》）

  D. 作《师说》以贻之   不以物喜，不以己悲（《岳阳楼记》）

3. 用现代汉语翻译下面的句子。

  （1）人非生而知之者，孰能无惑？

  _____

  （2）是故弟子不必不如师，师不必贤于弟子。

  _____

4. 有人说，"互联网＋教育"时代，教师"传道受业解惑"的

作用不再重要。你认同这种观点吗？请谈谈你的看法。

  _____

（答案见附录）

陋室铭

——斯是陋室，惟吾德馨

作品简介

名称:《陋室铭》

出处:《古文观止》

年代: 唐

体裁: 骈体文（铭文）

作者简介

作者: 刘禹锡，字梦得。唐代著名诗人

生卒年: 772—842 年

籍贯: 河南洛阳，祖籍中山（今河北定州）

成就: 唐代政治家，永贞革新的核心力量;
文学家，山水诗意境开阔、风格简洁明快，被
称为"诗豪"；哲学家，对道教思想见解独到

作品:《刘宾客文集》

 **背景介绍**

刘禹锡生平

微课扫一扫

1. 仕途曲折

贞元九年（793 年），刘禹锡只有二十一岁，就已经和柳宗元同榜考中进士。在当时，同榜考中进士的人的关系类似现在的大学同学或研究生同学。刘禹锡和柳宗元始终非常亲密，之后又同年登博学宏词科，也就是通过了官员选拔、晋升的复试。后来，刘禹锡还做过淮南节度使长书记，职责是帮淮南节度使草拟公文，这为他日后做官积累了比较丰富的经验。贞元十八年（802 年），刘禹锡与韩愈、柳宗元在御史台共事，担任监察御史。监察御史是专门监督、官员的官职。贞元二十一年（805年），唐顺宗李诵即位。唐顺宗李诵在当太子的时候，有一个专门陪他下棋的人，叫作王叔文，而刘禹锡也酷爱下棋，以棋会友，与王叔文的关系很好。后来太子李诵当上了皇帝，特别信赖王叔文，而王叔文一直胸有大志，想要革除一些政务上的弊端，于是开始大刀阔斧地改革。皇上重用王叔文和王伾（pī），他们二人被称为"二王"，王叔文身边还有一群年轻的官员，这群人以王叔文为首大兴变法改革，其中最核心的力量就是刘禹锡和柳宗元，所以这群人在当时被称为"二王刘柳集团"。"二王"就是王伾、王书文，"刘柳"就是刘禹锡、柳宗元，可见刘禹锡在这个政治集团里十分重要，相当于三号人物。"二王刘柳集团"的改革虽然得到了皇帝的支持，具有进步意义，但是由于触犯了守旧官僚势力的利益，遭到他们的联合反扑，很快便宣告失败。唐顺宗也被迫让位于太子李纯，王叔文被赐死，王伾被贬后病亡，刘禹锡与柳宗元等八人先被贬为偏远州郡的刺史，随即加贬为司马。这就是历史上著名的"八司马事件"。其中，柳宗元为永州司马，刘禹锡为朗州司马。作为一名贬谪调回的官员，刘禹锡并没有想着巴结当朝权贵，谋求仕途发展，而是横眉冷对，不与其交往。仅仅过了两年，刘禹锡便因作《元和十年自朗州至京戏赠看花诸君子》讥讽当朝权贵，再次被贬为连州刺史，在此之后他又先后就任夔州刺史、和州刺史，直到宝历二年（826年）才奉命调回洛阳，任职于东都尚书省。从刘禹锡初次被贬到这时，前后共历二十三年。

2. 诗豪本色

大和元年（827年），刘禹锡任东都尚书省主客郎中，次年回朝任主客郎中，并写了《再游玄都观绝句》，表现了他屡遭打击但始终不屈的意志。这首诗与刘禹锡十二年前《元和十年自朗州至京戏赠看花诸君子》相应和，明确表明了一个态度："任你千般贬谪，我刘某人一如既往，本色不改！"《元和十年自朗州至京戏赠看花诸君子》中写道"玄都观里桃千树，尽是刘郎去后栽"，讽刺这些执政者"玄都观的桃树有上千棵，每一棵都是我刘禹锡离开后才栽的。我在主政的时候你们还在哪儿呢？"自负自大之情溢于言表，这就是"诗豪"刘禹锡。《再游玄都观绝句》中的"前度刘郎今又来！"则是刘禹锡宣告"我刘某人又回来了！"诗豪本色展现于读者眼前。他还有两首诗也非常有名，一首是《秋词》。

自古逢秋悲寂寥，我言秋日胜春朝。
晴空一鹤排云上，便引诗情到碧霄。

这是他自己因被贬官而心烦的时候写的，换作别人，早就郁闷得受不了了，哪里还能写出这样心境豁达的诗呢？同样是被贬，柳宗元就很压抑，写下了《小石潭记》。刘禹锡与柳宗元不一样，说："自古以来，到了秋天，人们就很悲伤、很寂寥，但我觉得不是这样的，秋天甚至比春天更好，晴空万里，远处看到一只仙鹤，拨云而上，便引着我的诗情上了天空。"可见他十分洒脱。刘禹锡后来在扬州碰到了白居易，在酒席上两个人互相唱和，他写下了《酬乐天扬州初逢席上见赠》。

3. 不屈不挠斗知县

长庆四年（824 年）夏，刘禹锡调任和州（今安徽和县）刺史，之后就任和州通判。通判是什么官职呢？通判就是代替朝廷监督当地的长官。和州知县统领和州军政要务，天高皇帝远，可谓是"土霸王"，朝廷自然不会放心，所以设置通判一职，就是为了监督知县，让通判向中央报告，以限制知县的权力。

刘禹锡担任监督知县的官职本应该受到知县的敬畏，然而刘禹锡就任通判期间，却时时受到知县的排挤打压，日子过得很不如意。这是为什么呢？原来，刘禹锡是一个被贬谪的官员，在朝廷上很不得势，也没有过硬的后台，就连皇帝也看他不顺眼。加之刘禹锡一身傲骨，不屑于钻营，实际上他的职权并没有想象中那么大。

但是刘禹锡毕竟是通判，有着监督知县的职权，而且刘禹锡向来一根筋，不好说话。就算刘禹锡在朝中不受重用，还是给知县恣意妄为、独霸一县制造了许多阻碍。"一个被贬谪的罪人，你若老老实实还则罢了，否则，哼！"知县一将小胡须，掸了掸官服。他要给这个新来的刘通判一个下马威。

这一日，刘禹锡到了任上，正等待分配住所。按照规定，通判这个职位，要分配三进三间的官房。知县眼珠一转，计上心来：刘禹锡你一个被贬谪的戴罪之人，要三间官房干什么？那多不合刘大人的身份啊！你到这里是来赎罪的，所以官场上的事情你就少管，老老实实当个有名无实的闲官就好。"来人啊，把城南临江的三间民房给他，让他离官衙远点，少掺和我的事情。"知县一纸令下，就让官差带刘禹锡离开。

但是，刘禹锡显然不买知县的账，作为一名腹有才华的诗人，他立马作诗一首，回应知县。诗中道："面对大江观白帆，身在和州思争辩。"这是什么意思呢？意思是，虽然你把我安排在江边，但是你改变不了我参与政事、尽职尽责的心。我刘某人为官一日，就要尽为官之力。县令大人，你想让我放任你为所欲为，那是你白日做梦！

知县听闻之后，哈哈大笑，心道："刘禹锡你还是认不清现实啊！以你贬谪之人的身份，朝中无人，皇帝也不听你的，我就是放任你去检举我，你也是奈何不了我的，何必呢？到头来，这和州，还是我县令大人一个人说了算。我不是怕你刘禹锡，你不要得寸进尺！"知县呵呵一笑，唤来分配房子的官差，道："在城北给刘通判找个'僻静'点的房子，刘大人一个人，想必也住不了三间的房子，就节约一下，打个对折，给他一间半吧。哼！刘禹锡，就算你不配合我又怎样？我照样拿捏得住你！"

　　刘禹锡是个倔脾气的人，知县越是为难他，他就越不让知县如意。见知县还是不肯罢休，刘禹锡又作诗一首。诗中道："杨柳青青江水边，人在历阳心在京。"他想表达的是，青天白日，朗朗乾坤，我刘禹锡虽然是个被贬谪的官员，但是我行得正、坐得端。你要是敢做什么以权谋私、贪污腐败的事情，你看我刘某人能不能管得了你！我刘某人在朝中也是有几个朋友的，你一个小小的知县还不能只手遮天！

　　知县见这刘禹锡就是个彻头彻尾的"铜豌豆"，而且一心一意要和自己作对，也发怒了，一拍案桌，在城中找了一间仅能容下一床一桌一椅的偏僻小屋，分给了刘禹锡。"刘禹锡，你既然铁了心要和我作对，那就别怪本县不讲情面！"知县阴森一笑，道："和我斗，你还太嫩了，你看看和州官员，哪个会去帮你？你孤家寡人一个，我看你拿什么和我斗！"

　　刘禹锡同样愤怒，心道："你能孤立我刘禹锡，还能孤立千

知县

刘禹锡

古正义么？就你县中这些不学无术的官员，就是觍（tiǎn）着脸来巴结我，我都看不上！我刘禹锡一身正气，一身傲骨，岂能向你们这些鼠辈屈服？！"刘禹锡愤然而作《陋室铭》，并请人将文章刻碑竖于门外。

刘禹锡作《陋室铭》，一则表明自己坚守德行，表现自己绝不会同流合污和坚持道德操守的决心，明确告诉他们，物质的享受相比于我的道德操守，是何其渺小，何其微不足道。君子立于世，安贫乐道，贫贱不能移！二则对挑衅、打压自己的知县进行正面回击，字里行间抨击着知县。"知县，你以为你把我刘禹锡分配到一间陋室之中，我就会特别纠结，特别难受吗？这是你们这些庸人的见识，对我们这种道德高尚的人来说，我们并不会觉得这陋室有什么简陋的。"

文本解析

陋室① 铭②

刘禹锡

扫码听音频

　　山不在高，有仙则名。水不在深，有龙则灵。斯是陋室，惟吾德馨（xīn）③。苔痕上阶绿，草色入帘青。谈笑有鸿儒④，往来无白丁⑤。可以调素琴⑥，阅金经⑦。无丝竹之乱耳⑧，无案牍（dú）之劳形⑨。南阳诸葛庐⑩，西蜀子云亭⑪。孔子云：何陋之有⑫？

①陋室：简陋的屋子。

②铭：古代刻在器物上用来警诫自己或者称述功德的文字，

后来成为一种文体。

③ 斯是陋室，惟吾德馨：这是简陋的屋舍，只因我（住屋的人）的品德好（就不感到简陋了）。斯，这。馨，能散布很远的香气，这里指德行美好。

④ 鸿儒：博学的人。鸿，大。

⑤ 白丁：平民，指没有功名的人。

⑥ 调素琴：弹琴。调，调弄。素琴，不加装饰的琴。

⑦ 金经：指佛经（佛经用泥金书写）。

⑧ 无丝竹之乱耳：没有世俗的乐曲扰乱心境。丝，指弦乐器。竹，指管乐器。

⑨ 无案牍之劳形：没有官府公文劳神伤身。案牍，指官府文书。形，形体、躯体。

⑩ 南阳诸葛庐：诸葛亮隐居南阳住的草庐。

⑪ 西蜀子云亭：扬子云在西蜀的屋舍。西蜀，今四川。子云，即扬雄（公元前53—前18年），字子云，蜀郡成都（今属四川）人，西汉哲学家、文学家。

⑫ 何陋之有：语出《论语·子罕》。意思是，有什么简陋的呢？

山不在于高，有了仙人就成了名山。水不在于深，有了龙就成为有灵气的水了。这是简陋的屋子，只因我（住屋的人）的品德好（就不感到简陋了）。苔藓碧绿，长到阶上；草色青葱，映入帘里。说笑的都是博学的人，来来往往的没有无功名的人。可以弹不加装饰的琴，阅读佛经。没有嘈杂的音乐声扰乱耳朵，没有官府的公文使身体劳累。南阳有诸葛亮的茅庐，西蜀有扬子云的亭子。孔子说："有什么简陋的呢？"

 窦神解读

1. "苔痕上阶绿，草色入帘青"

"苔痕上阶绿，草色入帘青"这一句运用了对偶和拟人的修辞手法。苔藓碧绿，长到阶上；草色青葱，映入帘里。在这里，刘禹锡其实是有暗指的——苔藓长到台阶上、草又长得很快，代表着反抗力量，代表着一股不服输的力量。"离离原上草，一岁一枯荣。野火烧不尽，春风吹又生。"这是刘禹锡的好朋友白居易写的。而刘禹锡的这两句，不仅是为了说明房子很简陋，他更想表达的是他像苔藓和草一样，拥有欣欣向荣的生命力。

2. "何陋之有"

《论语·子罕》有记："子欲居九夷。或曰：'陋，如之何？'子曰：'君子居之，何陋之有？'"这段话的意思是孔子想要去东方的蛮荒之地居住，有人说："那里太简陋，太寒酸了，怎么办？"孔子说："如果有君子到那里去住，那里难道还算简陋吗？"刘禹锡只以后半句"何陋之有"来表现自己与圣贤一样，只要自己的品格高尚，就不怕住的地方简陋。

3. 托物言志

《陋室铭》的表现手法总体来说是托物言志。刘禹锡托的物就是他的陋室，全篇都在写这个简陋的屋子。全篇大量运用类比手法，将山、水、诸葛庐、子云亭等与陋室类比，最后得出"陋室"不陋的结论。在言志方面，刘禹锡表达了自己高洁傲岸的情操和安贫乐道的情趣。

拓展升华

"无丝竹之乱耳,无案牍之劳形。"刘禹锡自言德馨,居于陋室,抛却丝竹、案牍,以清雅为乐。然丝竹之音,不仅是享乐的音乐,还是世间百姓的生活气息;案牍劳形,代表的不仅是官场的明争暗斗,还是经世济民的高尚之举。刘禹锡的一生,看起来是时时抗争,实则时时逃避。为一己之"德馨",抛却了经世济民之意。他特立独行,不染纤尘,避开了世事的污浊,但也放下了经世济民的担子。刘禹锡的"德馨",是隐士的"德馨",而不是国士的"德馨"。

 必考必背

1.山不在高,有仙则名。水不在深,有龙则灵。斯是陋室,惟吾德馨。

2.苔痕上阶绿,草色入帘青。

3.谈笑有鸿儒,往来无白丁。

4.无丝竹之乱耳,无案牍之劳形。

 真题演练

阅读《陋室铭》,完成第 1～4 题。(2018 年海南省中考题)

陋室铭

山不在高,有仙则名。水不在深,有龙则灵。斯是陋室,惟吾德馨。苔痕上阶绿,草色入帘青。谈笑有鸿儒,往来无白丁。可以调素琴,阅金经。无丝竹之乱耳,无案牍之劳形。南阳诸葛庐，西蜀子云亭。孔子云：何陋之有？

1. 下列加点字注音有误的一项是（　　　）。

  A. 陋室铭（míng）   B. 苔痕上阶绿（héng）

  C. 草色入帘青（lián） D. 南阳诸葛庐（lú）

2. 解释下列加点的词语。

  （1）有仙则名（　　　　　　）

  （2）谈笑有鸿儒（　　　　　　）

  （3）可以调素琴（　　　　　　）

  （4）孔子云（　　　　　　）

3. 把下列句子翻译成现代汉语。

  （1）斯是陋室，惟吾德馨。

  _____

  （2）无丝竹之乱耳，无案牍之劳形。

  _____

4. "苔痕上阶绿，草色入帘青。"一句写出了陋室的什么特点？作者这样写有何用意？

  _____

（答案见附录）

小石潭记

——孤凄悲凉，悄怆幽邃

 作品简介

名称：《小石潭记》

出处：《柳河东集》

年代： 中晚唐

体裁： 散文（山水游记）

 作者简介

作者： 柳宗元

生卒： 773—819 年

籍贯： 河东（今山西永济西）

成就： 著名的文学家、哲学家、散文家、思想家，倡导古文运动，"唐宋八大家"之一

作品：《柳河东集》

 **背景介绍**

柳宗元生平

1. "柳河东"

柳宗元出生于773年，去世于819年，他是河东人，所以人们把他叫作"柳河东"，也叫"河东先生"。河东柳氏与河东薛氏、河东裴（péi）氏并称"河东三著姓"，他们都是当地的名门望族。柳宗元是河东柳氏子弟，祖上世代为官。柳宗元的堂高伯祖柳奭（shì）曾为宰相，曾祖父柳从裕、祖父柳察躬都做过县令。柳宗元的父亲柳镇曾任侍御史等职，母亲是"五姓七族"之一的范阳卢氏女，范阳卢氏是几百年的名门望族。所以柳宗元的家庭条件是相当不错的。

2. 顺利登科

柳宗元虽然是河东人，但是从小生长在长安，住在长安京西的庄园里。柳宗元从小就受到了非常优质的教育，再加上天资聪慧，勤学不怠，他的科举之路可谓是顺风顺水，十九岁的时候他就被举为乡贡，二十岁左右就进士及第。进士及第是指在科举考试中考了前三名。能考上进士就已经是相当困难的事情了，苏轼的父亲苏洵在苏轼和苏辙同榜中进士后感慨道："莫道登科易，老夫如登天。"他紧接着又说："莫道登科难，小儿如拾芥。"这就是说，你也别认为登科有多难，我的两个儿子苏轼和苏辙，一考就考中了。柳宗元就属于和苏轼、苏辙同一级别的学霸，一考就中。考取功名之后，他就做了秘书省校（jiào）书郎。他在二十五岁时通过博学宏词科考试，授集贤殿正字，他虽然暂时只是个从九品上的官员，但可以接触到朝中大臣，这个官职是晋升的重要跳板。三年后，29岁的柳宗元就做了蓝田县的县尉。蓝田县属于长安管辖区。其实皇帝并不是真的要让他做县尉工作，而是让他去基层锻炼，等他回来之后，皇帝就立马安排柳宗元在礼部做官。在唐顺宗时期，柳宗元终于做上了礼部员外郎。

3. 被贬永州

柳宗元参与的"永贞革新"才半年就失败了，革新派骨干"二王八司马"① 在改革失败后，俱被贬为偏远州郡的司马。柳宗元被贬到了湖南永州，永州雅称"潇湘"，潇、湘二水在此汇合，风景十分秀丽。在被贬永州的十年间，柳宗元游历山水，遍访文士，写出了极为重要的《永州八记》，开创了山水文章风行一时的大好局面。

4. 被贬柳州

元和十年（815 年）正月，柳宗元在永州接到了回京诏书，欣然动身。到了京城长安，他与阔别十年之久的好友刘禹锡再次相聚。可是由于宰相武元衡等人的仇视，不久后，柳宗元又被贬为柳州刺史，刘禹锡也被远贬至播州（今贵州遵义）。柳宗元想到刘禹锡的母亲年事已高，多次上书请求跟刘禹锡调换，却不被允许。最后，在朋友的帮助下，刘禹锡被改贬到条件稍好的连州。三月底，柳宗元和刘禹锡一同从长安出发，走

---

① "二王"指王叔文、王伾，"八司马"指韦执谊、韩泰、陈谏、柳宗元、刘禹锡、韩晔（yè）、凌准、程异。

到湖南衡阳才依依作别，各赴其任。到了柳州，柳宗元移风易俗、开凿水井、解放奴隶、发展农业，做了很多有利民生的实事，人们把他叫作"柳柳州"。元和十四年（819年），柳宗元病逝于柳州任上，年仅四十六岁，还留下了一个年仅四岁的儿子。刘禹锡得知后，很快赶来为他处理了后事，并且亲自把他的孩子抚养长大。之后刘禹锡还把柳宗元的诗词作了整理，编出了三十卷的《柳河东集》，并写了序言，才使我们今天能够读到如此翔实的柳宗元诗文。刘禹锡和柳宗元的人生际遇十分相似，诗名也不相上下，二人又都是"永贞革新"的核心人物，私下里也是非常要好的朋友，因此后人将他们并称为"刘柳"。

5. 文学成就

我们很早就学过柳宗元的《江雪》。

> 千山鸟飞绝，万径人踪灭。
> 孤舟蓑笠翁，独钓寒江雪。

这是柳宗元被贬到永州之后创作的作品。柳宗元借诗中那位孤高坚毅的渔翁来抒发自己被贬异乡的孤寂和直面惨淡仕途的勇气。范晞文在《对床夜语》中这样说。

> 唐人五言四句，除柳子厚《钓雪》一诗之外，极少佳者。

可见，柳宗元的诗歌成就已经登堂入室，自成一家了。

然而，柳宗元一生取得的最高成就并不在诗歌，真正让他名留青史、大放异彩的，是他的散文。他与"文起八代之衰"

的韩愈齐名，两人并称"韩柳"。韩愈是古文运动的领袖人物，柳宗元和他在文坛上发起并领导了一场轰轰烈烈的古文运动，他们指出骈文空洞无物的弊病，提出"文道合一""文以明道"等文学主张，提出要革新文体，突破骈文的束缚，根据表达需要确定句式长短，并提出"务去陈言""辞必己出"，主张在语言上要有所创新。韩、柳二人在这些思想的指导下，创作了许多内容丰富、语言生动的优秀散文，在中国文学史上留下了辉煌的一笔。北宋时也掀起过一次古文运动，主要参与者有欧阳修、曾巩、王安石、苏洵、苏轼、苏辙，他们或多或少都受到了韩、柳二人的影响，后人将他们与韩愈、柳宗元并称为"唐宋散文八大家"。

时代背景

"永贞革新"，又称"二王八司马事件"，是贞元二十一年（805年）以"二王刘柳"为核心的官僚士大夫以打击宦官势力、加强中央集权、革除政治积弊为主要目的的改革运动。改革仅历时一百八十多天，就因遭到激烈反对而宣告失败。

唐朝虽然平定了安史之乱，但是国力却大不如前，腐败动荡的政治问题也没有得到根本性的解决。安史之乱后，皇帝不再亲信朝臣，宦官得到重用，甚至掌握了军权。宦官当政导致政令不通，中央对地方的控制大大减弱，藩镇割据的局面也逐渐严重，地方将领拥兵自重，对中央构成了严重威胁。武则天在位时特别推崇进士科，一大批寒门学子得以在朝为官，这批官场新贵与原来关陇集团的豪门士族之间的矛盾越来越尖锐。柳宗元等有识之士就生活在唐王朝内忧外患的局势之下。当时的皇帝是唐顺宗，唐顺宗在还是太子的时候，就很想改革内政，刚一登基就任用王叔文、王伾等人着手改革，打击贪官、抑制藩镇，施行了很多有益民生的政策，还试图收回由宦官控制的军权，这引起了俱（jū）文珍等宦官的疯狂反扑。与此同时，革新党内部也发生了分裂，宦官趁机拥立太子李纯即位，唐顺宗被迫退位称太上皇，改革形势急转直下，很快就以失败告终，唐王朝复兴的希望就此破灭。

文学背景

山水游记在魏晋之际就诞生了，在初中阶段有郦（lì）道元的《三峡》这篇文章。《三峡》选自郦道元的《水经注》，《水经注》具有极高的文学价值，其中描写的自然山水峻峭灵秀，清气逼人。《水经注》可以说是最早的山水游记了。但是在这时候甚至以后很长的一段时间内，山水游记一般都只写客观的、外在的山水风光，几乎不写作者自己的内心情感、人生际遇和理想追求等内容。柳宗元是第一个把这些主观的东西大量注入山水游记的文人，给山水游记带来了新的生机。柳宗元的《永州八记》标志着山水游记在唐朝进入了成熟期。《小石潭记》就是《永州八记》之一，全名《至小丘西小石潭记》。到了宋代，山水游记到达了一个高峰，出现了王安石的《游褒禅山记》、范仲淹的《岳阳楼记》、欧阳修的《醉翁亭记》等经典名篇。到了元朝和明朝，出现了袁宏道的《满井游记》、张岱的《湖心亭看雪》等名作，还诞生了著名的《徐霞客游记》。清代的山水游记也不错，有姚鼐（nài）的《登泰山记》等一批优秀作品。这是山水游记大致的发展历程，大家可以看到里面很多经典的篇目是我们已经讲过或者将要讲的内容。中考常考"四记"：《桃花源记》《小石潭记》《岳阳楼记》《醉翁亭记》。

 文本解析

小石潭记

唐·柳宗元

扫码听音频

从小丘①西行百二十步，隔篁（huáng）竹②，闻水声，如鸣珮环③，心乐之。伐竹取道，下见小潭，水尤清冽（liè）④。全石以为底⑤，近岸，卷（quán）石底以出⑥，为坻（chí）⑦，为屿⑧，为嵁（kān）⑨，为岩。青树翠蔓（wàn）⑩，蒙络（luò）摇缀，参差（cēn cī）披拂⑪。

① 小丘：小山丘（在小石潭东面）。

② 篁竹：竹林。

③ 如鸣珮环：好像珮环碰撞的声音。珮、环，都是玉饰。

④ 水尤清冽：水格外清凉。尤，格外。

⑤ 全石以为底：以整块的石头为底。

⑥ 卷石底以出：石底周边部分翻卷过来，露出水面。

⑦ 坻：水中高地。

⑧ 屿：小岛。

⑨ 嵁：不平的岩石。

⑩ 翠蔓：翠绿的藤蔓。

⑪ 蒙络摇缀，参差披拂：蒙盖缠绕，摇曳牵连，参差不齐，随风飘拂。

从小土丘向西走一百二十步，隔着竹林，听到了水声，好像人身上佩带的珮环碰撞发出的清脆声音，（我）心里感到高兴。砍倒竹子，开辟出一条道路（走过去），沿路走下去，看见一个小潭，潭水格外清凉。小潭以整块石头为底，靠近岸边，石底周边部分卷起来露出水面，成了水中高地、小岛、不平的岩石和独立的岩石（等各种不同的形状）。茂盛的树木，翠绿的藤蔓，彼此遮掩缠绕，摇动下垂，长短不齐，随风飘拂。

潭中鱼可百许头①，皆若空游无所依②，日光下澈，影布石上。怡（yǐ）然③不动，俶（chù）尔远逝④，往来翕（xī）忽⑤，似与游者相乐。

微课扫一扫

潭西南而望，斗折蛇行，明灭可见⑥。其岸势犬牙差（cī）互⑦，不可知其源。

① 可百许头：有一百来条。可，大约。许，表示约数。

② 若空游无所依：好像在空中游动，没有什么依傍。

③ 怡然：静止不动的样子。

④ 俶尔远逝：忽然间向远处游去。俶尔，忽然。

⑤ 翕忽：轻快迅疾的样子。

⑥ 斗折蛇行，明灭可见：（溪水）像北斗七星那样曲折，像蛇那样蜿蜒前行，时隐时现。

⑦ 犬牙差互：像狗的牙齿那样交错不齐。

潭中的鱼有一百来条，都好像在空中游动，没有什么依傍。阳光直照（到水底），（鱼的）影子映在石上，静止不动，忽然间（又）向远处游去，来来往往，轻快迅疾，像是在和游玩的人互相玩乐。

向小石潭的西南方望去，（看到溪水）像北斗七星那样曲折，水流像蛇那样蜿蜒前行，时隐时现。两岸的地势像狗的牙齿那样交错不齐，不能知道溪水的源头。

坐潭上，四面竹树环合，寂寥无人，凄神寒骨①，悄（qiǎo）怆（chuàng）幽邃（suì）②。以③其境过清④，不可久居，乃记之而去。

同游者：吴武陵⑤，龚古⑥，余弟宗玄⑦。隶而从⑧者，崔氏二小生⑨：曰恕己，曰奉壹。

① 凄神寒骨：让人感到心情悲伤，寒气透骨。

② 悄怆幽邃：凄凉幽深。悄怆，凄凉。邃，深。

③ 以：因为。

④ 清：凄清。

⑤ 吴武陵：作者的朋友，当时也被贬到永州。

⑥ 龚古：作者的朋友。

⑦ 宗玄：作者的堂弟。

⑧ 隶而从：跟随着同去。

⑨ 二小生：两个年轻人。

我坐在潭边，四面环绕合抱着竹子和树，寂静寥落，空无一人，（这样的环境）使人感到心情悲伤，寒气透骨，凄凉幽深。因为这里的环境太凄清，不可长久停留，于是（我）记下了这里的情景就离开了。

一起去游玩的人有吴武陵、龚古、我的堂弟宗玄。跟随着同去的有姓崔的两位年轻人，一位叫作崔恕己，另一位叫作崔奉壹。

 窦神解读

1. 小石潭在哪儿

据考证，小石潭位于永州市芝山区，在愚溪之中。1958 年，永州市政府在愚溪下游建了水电站，"小石潭"由此变成了"大石潭"，风物景观变得与柳宗元笔下描绘的小石潭大相径庭。愚溪是潇水左岸支流，本名为冉溪，传说因冉氏家族依溪而住得名。又因为这条溪里的水可以漂染丝帛，所以它也被称为"染溪"。柳宗元被贬到永州后，嘲弄自己是因愚获罪，便将冉溪更名为愚溪，还为他的《八愚诗》写了一篇《愚溪诗序》。柳宗元在愚溪上游买了小丘，取名为愚丘，又在愚丘东北不远处发现了泉水，取名为愚泉。柳宗元就在这里住了许多年。永州士人为了纪念柳宗元，就在愚溪北岸建了柳子庙。

2. 一步有多长

"步"是象形字，上面的"止"指的是左脚，下面是反写的"止"字，代表右脚，合起来就是一步。古人以举足一次为一跬（kuǐ），

举足两次为一步。"步"字的本义就是行走，如徒步行走的士兵称为步兵。"步"还是一个长度单位，周朝以八尺为一步，秦朝以六尺为一步。唐太宗李世民把自己的双步定为长度单位"步"，还规定步的五分之一为一尺，三百步为一里。据研究，唐代的一步为一米五十一厘米四毫米，一唐里就是四百五十四米又二十厘米。这篇文章第一句，我们就可以翻译成："从小土丘向西走一百二十步"。

3. 文章写法

这篇文章在一开始描写作者发现小石潭的时候用了一系列动词，如行、隔、闻、伐、取、见等，这是移步换景的写法。作者不停地切换着景色，切换着场面，直到发现了小石潭。紧接着写潭中的景物，如石底、游鱼等，又写小潭周围的地貌，溪水像北斗七星那样曲折，像蛇那样蜿蜒前行，岸势像狗的牙齿那样交错不齐。这里用的是比喻手法，生动形象。紧接着由景入情，突然说这潭边幽深冷寂，不可久居，悲伤的心情在这一刻突然爆发。最后作者说了一下同去的朋友都是谁，就像风景纪录片片尾的鸣谢部分。

4. 文章主旨

这篇经典的山水游记虽然主要写景，其中流露的情感却清冷袭人。《小石潭记》的高明之处就在于通过描写小石潭的幽深冷寂，使读者身临其境，设身处地地去体会作者被贬永州的愤懑（mèn）与无奈和回天无力的孤独与落寞。柳宗元对自己生平际遇的悲悯之情和对国家生死存亡的忧患意识也都通过小石潭的"悄怆幽邃"隐约表现出来了。一切景语皆情语，山水游记在柳宗元手中，境界大开，他的山水游记对后世产生了深远的影响。

拓展升华

柳宗元和刘禹锡的命运差不多。他们都出身于非常好的家庭，年纪轻轻便考中博学宏词科，一同参与永贞革新。在永贞革新失败后，他们都被远贬州郡。

刘、柳二人关系特别好，相互扶持。但是他们二人的心态却不一样。刘禹锡乐观豁达，勇于抗争。最后刘禹锡到了七十岁才去世。柳宗元却是悲观孤僻，任由负面情绪爆发，四十多岁便撒手人寰。

从人生经历来说，他们面对的是差不多的挫折。二人的人生轨迹非常相似，但是结局却不同，令人唏嘘。我们也可以看出，在人的一生里，心态真的很重要！

 **必考必背**

1.青树翠蔓，蒙络摇缀，参差披拂。

2.潭西南而望，斗折蛇行，明灭可见。

3. 潭中鱼可百许头，皆若空游无所依，日光下澈，影布石上。

4. 凄神寒骨，悄怆幽邃。

 **真题演练**

阅读《小石潭记》，完成 1 ~ 4 题。（2018 年湖南省常德市中考题）

小石潭记

从小丘西行百二十步，隔篁竹，闻水声，如鸣珮环，心乐之。伐竹取道，下见小潭，水尤清冽。全石以为底，近岸，卷石底以出，为坻，为屿，为嵁，为岩。青树翠蔓，蒙络摇缀，参差披拂。

潭中鱼可百许头，皆若空游无所依，日光下澈，影布石上。佁然不动，俶尔远逝，往来翕忽，似与游者相乐。

潭西南而望，斗折蛇行，明灭可见。其岸势犬牙差互，不可知其源。

坐潭上，四面竹树环合，寂寥无人，凄神寒骨，悄怆幽邃。以其境过清，不可久居，乃记之而去。

同游者：吴武陵，龚古，余弟宗玄。隶而从者，崔氏二小生：曰恕己，曰奉壹。

1. 解释下列句子中加点的字。

（1）水尤清冽　　　冽：＿＿＿＿＿＿＿＿

（2）影布石上　　　布：＿＿＿＿＿＿＿＿

（3）隶而从者　　　隶：＿＿＿＿＿＿＿＿

2. 给下面的句子划分节奏。（只画一处）

其 岸 势 犬 牙 差 互

_____

3. 下面对文章的理解与鉴赏，不正确的项是（　　）。

A. 文章按游览顺序，先写发现小石潭，然后描写水、石、树、鱼等潭中景物，再写小潭源流及潭中氛围，最后记录同游者，构思巧妙，结构完整

B. 文中的"心乐之"之"乐"表现了作者听到悦耳水声之后的欣喜之情；"似与游者相乐"之"乐"则写出了作者与游人同乐的轻松与快慰之情

C. 本文运用了点面结合和动静互衬的表现手法："全石以为底"是面，"为坻，为屿，为嵁，为岩"是点；"影布石上"是静，"往来翕忽"是动

D. "凄神寒骨，悄怆幽邃"这八个字不仅高度概括了潭中氛围以及环境清幽的特点，也含蓄地表达了作者忧伤、悲凉的心境，是全文的点睛之笔

4. 用现代汉语写出下列句子的意思。

（1）潭中鱼可百许头，皆若空游无所依。

_____

（2）其岸势犬牙差互，不可知其源。

_____

（答案见附录）

岳阳楼记

——先天下之忧而忧，后天下之乐而乐

 作品简介

名称：《岳阳楼记》

出处：《范仲淹全集》

年代：北宋

体裁：散文

 作者简介

作者：范仲淹

生卒：989—1052 年

籍贯：苏州吴县（今江苏苏州）

成就：著名的政治家、文学家。主持庆历新政、抗击西夏，提出"范围一气""与时消息"的文学主张

作品：《范文正公集》

 背景介绍

岳阳楼

陶渊明的《桃花源记》、柳宗元的《小石潭记》、欧阳修的《醉翁亭记》和范仲淹的《岳阳楼记》被戏称为"中考四记"。湖南岳阳的岳阳楼、湖北武汉的黄鹤楼、江西南昌的滕王阁并称为"江南三大名楼"。而岳阳楼是三大名楼中唯一保持原貌的古建筑。岳阳楼是纯木结构，没用一钉一铆，仅靠木制构件彼此勾连，最为独特的要属它的盔顶结构，这在全国众多砖木古建筑中也是绝无仅有的。岳阳楼大概建于220年，它的前身相传为三国时期东吴大将鲁肃的阅军台，当时叫巴丘城楼，西晋南北朝时称"巴陵城楼"。唐开元四年（716年），中书令张说遭贬，谪戍岳州（今岳阳市）。同年，张说便在阅军楼旧址上翻修了城楼，并将其正式定名为岳阳楼。

诗仙李白游览此处时还写了一首清新飘逸的《与夏十二登岳阳楼》。

楼观岳阳尽，川迥洞庭开。
雁引愁心去，山衔好月来。
云间连下榻，天上接行杯。
醉后凉风起，吹人舞袖回。

诗圣杜甫也曾登上岳阳楼，凭栏远眺，有感而发，写下《登岳阳楼》。

昔闻洞庭水，今上岳阳楼。
吴楚东南坼（chè），乾坤日夜浮。
亲朋无一字，老病有孤舟。
戎马关山北，凭轩涕泗流。

　　杜甫活着的时候非常落魄，不像李白那样诗名显赫、狂傲不羁。他去世五十年之后才开始大有名气，所以他感伤自己是"亲朋无一字，老病有孤舟"。历代写岳阳楼的诗词多如牛毛，但真正让岳阳楼名扬天下的还是范仲淹的这篇《岳阳楼记》。

范仲淹生平

　　范仲淹是进士出身，得到过晏殊的赏识和推荐，但他其实比晏殊还要大两岁，比后来的文坛领袖欧阳修大十八岁，比苏轼大四十八岁。范仲淹与欧阳修是同事。《水浒传》里面鲁达说"洒家始投老种经略相公"，"老种经略相公"

微课扫一扫

说的是种（chóng）谔（è），经略相公就相当于现在的战区司令。种家名将辈出，世代在西北作战，抵御西夏。种谔的父亲种世衡就是当时总领西北军务的范仲淹一手提拔起来的。范仲淹二十六岁登科后因直言敢谏屡遭贬斥，五十二岁出任陕西经略安抚招讨副使巩固边防，收服羌（qiāng）人，让羌人帮助汉人遏制住了西夏，使得西夏军队不敢进犯。三军将士对范仲淹的军事才能钦佩不已，都称颂"军中有一范，西贼闻之惊破胆"。庆历三年（1043年），五十四岁的范仲淹提出改革措施，主持庆历新政，触犯了守旧派的利益，五十五岁又遭贬，流转到邠（bīn）州、邓州、杭州、青州等地。皇祐四年（1052年），改任青州知州，范仲淹抱病赴任，在途中逝世，享年六十三岁，追赠兵部尚书、楚国公，谥号"文正"，世称范文正公。

1. 断齑（jī）画粥，窖金捐僧

范仲淹两岁丧父，母亲谢氏贫苦无依，最后抱着不足四岁的范仲淹，改嫁到山东淄州长山（今邹平县长山镇范公村）。范仲淹也改从继父朱文翰的姓氏，取名朱说（yuè）。在继父友人的引荐下，范仲淹得以就读于醴（lǐ）泉寺。寺内住持慧通大师的学问很高，对范仲淹十分关照，向他传授《易经》《左传》等经典以及诗词歌赋，生活上也处处周济他，这让那些小和尚十分不满。为避开小和尚的吵嚷，范仲淹到寺庙南边一僻静山洞读书。他每天用家中送来的小米一次煮一锅粥，待粥冷却后画一个十字，早晚各吃两块，再切上十几根野菜，撒上盐，拌在饭里，如此过了三年。这就是"断齑画粥"的来历。

范仲淹虽然生活贫苦，却能清贫自守，拾金不昧。有一次，范仲淹在洞中苦读，两只老鼠跳进粥锅里吱吱乱叫，范仲淹忙将老鼠驱赶出去。他追到一棵荆树下，见一侧鼠洞闪着黄光，一侧鼠洞闪着白光，感到十分惊奇。于是他挖开一侧鼠洞，下面竟然是满满一窖黄金，他随手埋好；又挖开另一侧鼠洞，见是一窖白银，范仲淹仍分文不动，埋好后回到洞中继续读书。三十多年后，醴泉寺遭受火灾，慧通大师派人找到在延

州戍边的范仲淹求援。范仲淹向那人询问了寺庙的情况，却只字不提援修寺庙的事情，只在那人临走时修书一封并赠予两包上好的茶叶，让来人回复慧通大师。慧通大师展信一看，原来是一首五言短诗："荆东一池金，荆西一池银，一半修寺院，一半济僧人。"众人果然在荆树下挖出了金银，想到当年范仲淹身无分文却不贪财宝的高尚品格，无不肃然起敬，醴泉寺也得以重修。

2. 归宗复姓，勉励后人

范仲淹小时候叫朱说（yuè），长大些才知道自己的母亲是改嫁到朱家的，自己本姓范，自己的生父范墉（yōng）曾经也是个做官的，在范仲淹两岁时，父亲就去世了，留下孤儿寡母无依无靠，母亲只好改嫁。这样一来，范氏的香火就无人继承，所以范仲淹立志要考取功名，恢复范姓。于是他辞别母亲，前往应天府（在今河南商丘）求学，师从戚同文学习儒家经典。

之后范仲淹参加了科举考试，一向用功的他，却只考了乙科第九十七名，但好歹有了个进士名号。可想而知这一届的科举考试有多么难。进入仕途之后，范仲淹便将母亲接到身边奉养，为了延续范家的香火，范仲淹改回了范姓，但他仍然感念朱家的养育之恩，和朱家还保持着密切的联系，长山朱氏的很多子弟也都考取了功名。范仲淹晚年出资购买了一千亩良田，将其交给族人打理，经营所得分文不取，而是用这些钱成立范氏义庄，资助范氏子弟读书。他还写了范氏家训，教育子孙后代敬老爱幼，尊师重教，范家此后也是名臣辈出。据传，在明朝洪武年间（1368—1398 年），御史大夫范从文被弹劾，以抗旨等罪被判处死刑。临刑前，朱元璋对其进行最后审核时得知范从文是苏州人氏，又发现其性格与宋朝名臣范仲淹极为相似，便问其与范文正公有无关系，范从文道："吾乃范文正公第十三代孙。"朱元璋听后当即宣布免其死罪，并让人取来文房四宝亲笔书写五幅"先天下之忧而忧，后天下之乐而乐"的条幅赠送给范从文，许诺保其五次不死。

3. 为民请命，修建海堰

考中进士后，范仲淹正式进入官场，开始做官。他一开始在泰州做盐官，同朝的宰相晏殊、吕夷简以前都在这里做过盐官。泰州靠海，范仲淹看到唐代修筑的捍海大堤已经残破不堪，对百姓的生活生产造成严重影响。虽然范仲淹的本职工作并不包括修筑捍海大堤，但他从大处着眼，上书江淮制置发运副使张纶，建议重修捍海堰（yàn）。天圣二年（1024 年），张纶奏请朝廷后，宋仁宗任命范仲淹做兴化（今江苏泰州兴化市）县令，主持修堰工程。同僚滕子京也在这里参与工程建设。海堰刚开工，就遭遇了一场罕见的大雨雪，海浪溃堤致上百人死亡，兵士、民工纷纷逃跑，官员都无法制止。范仲淹和滕子京却神色镇定，面对大家从容地分析利弊，人心才稍稍安定。范仲淹也因此更加赏识滕子京。后来母亲谢氏病逝，范仲淹辞官守丧，工程由张纶主持完成。新堤横跨通、泰、楚三州，全长约两百里，百姓的生活、耕种和产盐活动都有了保障，当地人民将所修之堤命名为"范公堤"，为感念范仲淹的恩德，许多人甚至改姓范。

4. 直言敢谏，被贬睦州

后来，范仲淹调到京城做官，官至谏议大夫，专门给皇上提意见。宋仁宗继位时，只有十三岁，刘太后垂帘听政长达十一年。刘太后并不是宋仁宗的亲生母亲，刘太后去世之后，宋仁宗才知道这件事。宋仁宗与刘太后的母子关系并不亲厚，而且他对刘太后长期把持朝政本身就比较反感。而范仲淹公然要求刘太后还政仁宗，因此得罪了刘太后，被贬出朝廷，其耿直性格却给宋仁宗留下了忠君敢谏的好印象。三年后刘太后崩逝，宋仁宗亲政，赶紧把范仲淹调了回来。

刘太后在世时给宋仁宗安排了婚姻，让他娶中书令郭崇的孙女为后，她为了避免仁宗沉溺女色，不允许其他嫔妃接近仁宗。郭皇后也依仗刘太后的保护，在后宫行事跋扈。宋仁宗亲政后更加宠幸尚、杨二美人。有一天，尚氏顶撞了郭皇后，郭皇后发怒，要打尚美人的耳光，结果美人没打到，却失手把皇帝的脖颈挠出了血，宋仁宗就趁机废除了郭皇后。废立皇后不

仅是皇帝的家务事，还是朝廷大事，皇后的册立往往是出于政治考虑。郭皇后的祖父郭崇是当年跟着太祖赵匡胤打天下的一员老将，深得赵匡胤赏识，所以郭家的根基很深，就算是皇家也要给郭家几分颜面。宋仁宗知道自己废除郭皇后这件事做得过火，所以下令不许百官讨论这件事，只有范仲淹接二连三地求见宋仁宗并劝谏，宋仁宗不胜其烦，将范仲淹给打发走了。第二天范仲淹再去时，发现门环被拿掉了，这可难不倒范仲淹，他带着一行人，自带门环敲门启奏，结果刚走到待漏院，皇帝的诏书就下达了：外放范仲淹为睦州（在今浙江桐庐一带）知州。

　　范仲淹就是一个这样的人，他谁都不怕得罪。推荐他的晏殊对他说："你不能这么耿直啊，你怎么什么话都敢说？你会连累我们这些人啊！"范仲淹说："您当初推荐我不就是因为我正直吗？所以您才不怕被我连累。"

5. 后世评价

范仲淹谥号文正，后世一般称他为范文正公。"文正"这个谥号皇帝一般不会轻易赐封，只有特别杰出的文官才可以获此殊荣。文官单谥一个"文"字为最高，武官单谥一个"武"字为最高。例如，王安石的谥号为王文公，这是宋朝官员谥号的最高级别了，非常稀少！（一说宋后复谥高于单谥。）"文"后面的第二字，按照高低顺序，依次为"正忠恭成端恪襄顺……"毕竟只有数量极少的官员才能获得单谥，"文正"二字，虽无第一之名，却有第一之实。司马光说："文正是谥之极美，无以复加。"司马光认为"文"是道德博闻，"正"是靖共其位，是文人道德境界的极致。经过他的宣扬，"文正"从此以后被认为是人臣的极高谥号，司马光死后，也得到谥号"文正"。欧阳修、苏轼这些大文豪却都只谥号"文忠"，排在第二。可见皇帝对范仲淹评价之高。其他官员对他的评价也很高，欧阳修说他是"公少有大志，每以天下为己任"；王安石说他"一世之师，由初起终，名节无疵（cī）"；苏轼说他"出为名相，处为名贤；乐在人后，忧在人先。经天纬地，阙（quē）谥宜然，贤哉斯诣，轶后空前"。后世对他的评价都是一代名臣、一代名将，出将入相，大丈夫有名如此，复何求哉！

写作背景

"庆历四年春，滕子京谪守巴陵郡"一句道出了《岳阳楼记》的写作背景。庆历三年（1043 年），范仲淹、韩琦、杜衍及晏殊的女婿富弼（bì）开始主持庆历新政。次年，滕子京被贬官到巴陵。但实际上滕子京被贬官并不是因为庆历新政，而是因为挪用公款分给部下，仁宗派人追查，滕子京居然一把火将账簿烧了。范仲淹念及滕子京与自己是同榜进士，当年在泰州与自己修建海堰劳苦功高，极力劝说才保住了滕子京，滕子京只是官降一级，被贬到岳州做知州。后来新政失败，范仲淹自己也被贬到了邓州，《岳阳楼记》这篇文章就是范仲淹在邓州所写。

据说滕子京非常善于经营，被贬到岳州之后，他大修学校，招商引资，促进当地的经济发展，还募得了一大笔资金，修缮了迎来送往、官员聚集的岳阳楼，并且不论高低，把有关岳阳楼的诗词统一汇编成册，给岳州人民留下了一笔宝贵的文化遗产。岳阳楼修好后，滕子京就得意扬扬地给范仲淹寄了一幅《洞庭晚秋图》，请范仲淹写一篇文章记录此事。范仲淹于是写了这篇《岳阳楼记》，意在勉励对方要以天下为己任，不以物喜，不以己悲。

 **文本解析**

扫码听音频

岳阳楼记

北宋 · 范仲淹

庆历四年①春，滕子京谪（zhé）守巴陵郡②。越明年③，政通人和④，百废具⑤兴，乃重修岳阳楼，增其旧制，刻唐贤今人诗赋于其上。属⑥（zhǔ）予作文以记之。

① 庆历四年：1044年。庆历，宋仁宗赵祯的年号（1041—1048年）。本文结尾"时六年"，指庆历六年（1046年）。

② 滕子京谪守巴陵郡：滕子京被贬官到岳州做知州。滕子京（991—1047年），名宗谅，字子京，范仲淹的朋友。谪守，因罪贬谪流放，出任外官。巴陵郡，古郡名，今湖南岳阳。

③ 越明年：到了第二年，就是庆历五年（1045年）。越，到。

④ 政通人和：政事顺利，百姓和乐。

⑤ 具：同"俱"，全、皆。

⑥ 属：同"嘱"，嘱托。

庆历四年春天，滕子京被贬谪到巴陵郡当了知州。到了第二年，政事顺利，百姓安居乐业，各种荒废的事业都兴办起来，于是（他）重新修建岳阳楼，扩大它原来的规模，在楼上刻了唐代名人和当代人的诗赋。（滕子京）嘱托我写一篇文章来记述这件事。

予观夫巴陵胜状①，在洞庭一湖。衔远山，吞长江，浩浩汤汤②（shāng），横无际涯③，朝晖（huī）夕阴④，气象万千，此则岳阳楼之大观⑤也，前人之述备矣⑥。然则⑦北通巫峡，南极潇湘⑧，迁客⑨骚人⑩，多会于此，览物之情，得无异乎⑪？

① 胜状：胜景，美景。胜，美好。

② 浩浩汤汤：水势浩大的样子。

③ 横无际涯：宽阔无边。际涯，边际。

④ **朝晖夕阴**：早晚阴晴明暗多变。晖，日光。

⑤ **大观**：壮丽景象。

⑥ **前人之述备矣**：前人的记述很详尽了。前人之述，指上面说的"唐贤今人诗赋"。

⑦ **然则**：如此……那么。

⑧ **南极潇湘**：南面直到潇水、湘水。潇水是湘水的支流，湘水流入洞庭湖。极，至、到达。

⑨ **迁客**：被降职到外地的官员。迁，贬谪、降职。

⑩ **骚人**：战国时屈原作《离骚》，因此称屈原或《楚辞》作者为"骚人"。后泛指文人。

⑪ **览物之情，得无异乎**：看了自然景物而触发的感情，恐怕会有所不同吧？得无，表推测。

我看那巴陵郡的美好景色，全在洞庭湖之中。它连接着远方的山脉，吞吐着长江的水流，浩浩荡荡，无边无际。早晨阳光照耀，傍晚阴气凝结，景象千变万化。这就是岳阳楼盛大壮观的景象。前人的记述已经很详尽了。这样，（岳阳楼）北面通向巫峡，南面直到潇水和湘水，被贬的官员和来往的诗人，大多在这里聚会，观赏自然景物所产生的感情，恐怕会有所不同吧？

若夫①淫雨②霏霏（fēi）③，连月不开④，阴风怒号（háo），浊浪排空⑤，日星隐曜（yào）⑥，山岳潜形⑦，商旅不行，樯（qiáng）倾楫（jí）摧⑧，薄暮冥冥⑨，虎啸猿啼。登斯楼也，则有去国怀乡，忧谗畏讥⑩，满目萧然，感极而悲者矣。

① 若夫：用在一段话开头，以引起下文。下文的"至若"用法与此相同。

② 淫雨：连绵不断的雨。

③ 霏霏：雨雪纷纷而下的样子。

④ 开：指天气放晴。

⑤ 排空：冲向天空。

⑥ 日星隐曜：太阳和星星隐藏起光辉。曜，光芒。

⑦ 山岳潜形：山岳隐没在阴云中。

⑧ 樯倾楫摧：桅杆倒下，船桨断折。倾，倒下。摧，折断。

⑨ 薄暮冥冥：傍晚天色昏暗。冥冥，昏暗。

⑩ 去国怀乡，忧谗畏讥：离开国都，怀念家乡，担心被说坏话，惧怕被批评指责。国，指国都。

像那阴雨连绵，接连几个月不放晴，阴冷的风狂吼，浑浊的浪头冲向天空，太阳和星星隐藏起光辉，高山也隐没在阴云中，商人和旅客不能前行，桅杆倒下，船桨断折，傍晚时分天色昏暗，老虎怒吼、猿猴悲啼。（这时）登上这座楼，就会产生离开国都怀念家乡，担心奸人的诽谤，害怕坏人的讥笑的情感，满眼萧条景象，（会觉得）感慨到极点而十分悲伤。

至若春和景①明，波澜不惊②，上下天光，一碧万顷③，沙鸥翔集④，锦鳞⑤游泳，岸芷（zhǐ）汀（tīng）兰⑥，郁郁⑦青青。而或长烟一空⑧，皓月千里，浮光跃金⑨，静影沉璧⑩，渔歌互答，此乐何极⑪！登斯楼也，则有心旷神怡，宠辱偕忘⑫，把酒临风⑬，其喜洋洋者矣。

① 景：日光。

② 波澜不惊：湖面平静，没有风浪。

③ 上下天光，一碧万顷：天色湖光相接，一片青绿，广阔无际。万顷，极言广阔。

④ 翔集：时而飞翔，时而停歇。集，停息。

⑤ 锦鳞：美丽的鱼。鳞，代指鱼。

⑥ 岸芷汀兰：岸上与小洲上的花草。芷，白芷。汀，小洲。

⑦ 郁郁：形容草木茂盛。

⑧ 长烟一空：大片烟雾完全消散。一，全。

⑨ 浮光跃金：浮动的光像跳动的金子。这是写月光照耀下的水波。

⑩ 静影沉璧：静静的月影像沉入水中的玉璧。这是写无风时水中的月影。璧，圆形的玉。

⑪ 何极：哪有尽头。

⑫ 宠辱偕忘：荣耀和屈辱一并忘掉。偕，一起。

⑬ 把酒临风：端着酒，迎着风。把，持、端。

到了春风和煦、阳光明媚的时候，湖面平静，没有风浪，天色湖光相接，一片青绿；沙洲上的鸟，时而飞翔，时而停歇；美丽的鱼儿，时而浮游，时而潜游；岸边的香草、小洲上的兰花，香气浓郁，颜色青绿。有时大片烟雾完全消散了，皎洁的月光一泻千里，照在湖面上闪着金光，月影像沉入水中的玉璧，渔夫的歌声互相唱和，这种乐趣真是无穷无尽啊！这时登上这座岳阳楼，就会感到心怀开阔，精神爽快，荣耀和屈辱都被遗忘了，端着酒杯，迎着清风，那真是高兴极了。

嗟夫！予尝求①古仁人②之心，或异二者之为③，何哉？不以物喜，不以己悲④，居庙堂之高⑤则忧其民，处江湖之远⑥则忧其君。是进亦忧，退亦忧。然则何时而乐耶？其必曰"先天下之忧而忧，后天下之乐而乐"乎！噫！微斯人，吾谁与归⑦？时六年九月十五日。

① 求：探求。

② 古仁人：古代品德高尚的人。

③ 或异二者之为：或许不同于以上两种表现。或，或许、也许，表示委婉的语气。

④ 不以物喜，不以己悲：不因外物和自己处境的变化而或喜或悲。

⑤ 居庙堂之高：处在高高的朝堂上，意思是在朝廷做官。庙堂，指朝廷。下文的"进"，即指"居庙堂之高"。

⑥ 处江湖之远：处在僻远的江湖间，意思是被贬谪到边远地区做地方官。下文的"退"，即指"处江湖之远"。

⑦ 微斯人，吾谁与归：如果没有这种人，我同谁一道呢？微，如果没有。谁与归，就是"与谁归"。

唉！我曾经探求古代品德高尚的人的心思，或许不同于以上两种表现，为什么呢？（是由于他们）不因为外物和自己处境的变化而或喜或悲。在朝廷做官就担忧他的百姓，处在僻远的江湖间就担忧他的君王。这样（他们）进朝为官也忧虑，退居江湖为民也忧虑。既然这样，那么什么时候才快乐呢？他们一定会说："在天下人忧愁之先就忧愁，在天下人快乐之后才快乐"吧。唉！如果没有这种人，我同谁一道呢？写于庆历六年九月十五日。

 窦神解读

1. 关于赵祯的身世

庆历是宋仁宗赵祯的年号。清代小说《三侠五义》说宋真宗的妃子刘氏、李氏在宋真宗晚年同时怀孕，为了争当正宫皇后，刘氏就把李氏生的儿子换成了一只剥了皮的狸猫，污蔑李氏生下了妖孽（niè）。宋真宗勃然大怒，将李氏打入冷宫，而将刘氏立为皇后。后来，刘氏的亲生儿子夭折，而李氏生的儿子被养在刘氏身边，经过一番波折后终于被立为太子，并成功登上皇位，这就是宋仁宗赵祯。在包拯的帮助下，赵祯得知真相，并与已双目失明的李氏相认，而皇太后刘氏事迹败露，畏罪自缢（yì）。《三侠五义》毕竟是小说，与事实是有出入的。事实上，李氏本来是刘氏做妃子时的一个侍女，地位很低，后来被宋真宗看中，成为嫔妃，并产下一个男婴，就是赵祯。在宋真宗的默许下，男婴赵祯由未能生育的刘氏和杨淑妃一起抚养，李氏畏惧刘氏的权势，也不敢表达任何不满。

2. 先天下之忧而忧，后天下之乐而乐

范仲淹最为人称道的就是在"先天下之忧而忧，后天下之乐而乐"中表露出的忧国忧民情怀。这一句其实化用了孟子的"乐以天下，忧以天下"。它的本义就是"在天下人忧之前先忧，在天下人乐之后才乐"，同时也寄托着以天下为己任的政治抱负，南宋爱国诗人陆游也说过"位卑未敢忘忧国"。这句话中包含的忧乐思想对后世影响极其深远。

 **拓展升华**

范仲淹的"先天下之忧而忧，后天下之乐而乐"与李白的"天子呼来不上船，自称臣是酒中仙"代表着古代文人两种截然不同的人生态度，你更喜欢哪一种呢？其实，这两种价值取向并不矛盾。《孟子》说："穷则独善其身，达则兼济天下。"意思是不得志的时候就要努力提高自己的道德修养，得志的时候就要努力让天下人都得到好处。李白也曾在奉诏入京前豪言"仰天大笑出门去，我辈岂是蓬蒿人"，只是后来不幸受到谗害，被唐玄宗赐金还乡，才渐渐无心官场，醉心诗酒。而范仲淹身居高位，自然会产生"以天下为己任"的家国情怀。

 必考必背

1. 政通人和，百废具兴。

2. 不以物喜，不以己悲。居庙堂之高则忧其民；处江湖之远则忧其君。

3. 先天下之忧而忧，后天下之乐而乐。

 真题演练

阅读《岳阳楼记》，完成 1～5 题。（2020 年广西省桂林市中考题）

1. 下列句子中加点字解释错误的一项是（　　）。

　A. 越明年（到）　　　　B. 南极潇湘（极点）

　C. 把酒临风（持、执）　D. 微斯人（如果没有）

2. 下列句子中"之"字的用法与其他不同的一项是（　　　　）。

　　A．属予作文以记之　　　　　B．此则岳阳楼之大观也

　　C．前人之述备矣　　　　　　D．览物之情

3. 下列句子的节奏划分错误的一项是（　　　　）。

　　A．百／废具兴　　　　　　　B．朝晖／夕阴

　　C．沙鸥／翔集　　　　　　　D．把酒／临风

4. 将下列句子译成现代汉语。

　　予尝求古仁人之心。

　　_____

5. 你认为范仲淹是一个怎样的人？请结合文章做简要的分析。

　　_____

（答案见附录）

醉翁亭记

——醉翁之意不在酒，在乎山水之间也

 作品简介

名称：《醉翁亭记》

出处：《欧阳修全集》

年代： 北宋

体裁： 散文

 作者简介

作者： 欧阳修，字永叔，自号醉翁，晚年又号六一居士

生卒： 1007—1072 年

籍贯： 吉州永丰（今属江西）

成就： 政治家、文学家、史学家，古文运动的领袖、"唐宋散文八大家"之一、"千古文章四大家"之一

作品：《戏答元珍》《丰乐亭记》

 背景介绍

时代背景

1. 名臣辈出的宋仁宗一朝

欧阳修是宋仁宗一朝的名臣。宋仁宗这一朝可称为黄金时代。乾隆皇帝说过，他最崇拜三个皇帝，第一个是他的爷爷康熙皇帝，第二个是唐太宗李世民，第三个就是宋仁宗。宋仁宗在位时期是整个两宋十八位皇帝中最辉煌的一段时期。这期间天下太平，朝堂之上的臣子都是历史上的名人，都是现在我们一提起来就觉得不得了的人物，有范仲淹、欧阳修、苏轼、苏辙、曾巩、包拯等，还有沈括。沈括就是改进了指南针的人，也是《梦溪笔谈》的作者，还是那个在苏轼遭遇"乌台诗案"的时候做了点坏事的家伙。这是多么耀眼的一朝，这一朝是真正的辉煌，名臣辈出，后来的许多问题在这时都还没有暴露出来。

2. "三冗两积"

从宋仁宗晚期一直到宋英宗、宋神宗在位时期，问题和矛盾就一步一步地暴露出来了。到宋神宗初年，国库里的银子已经快撑不住了。其根本原因就是冗兵、冗官，国库里进的钱少，出的钱多；挣一亿一千六百万两白银，花一亿三千一百万两白银，一年亏一千五百万两银子。国库里的存款一共只有五千万两白银，1069年亏了一千五百万两，国库里还有三千五百万两，照这个速度，财政再过四年就崩溃了。当时大宋是全世界第一个使用纸币的国家，可以拿纸币稍微撑一下，但纸币的流通范

围有限，实际作用也有限，国家财政依然濒临崩溃。北宋的"三冗两积"就是冗兵、冗官、冗费、积贫、积弱。

"冗兵"主要表现为军队人员数量巨大，战斗力弱，无用处。唐朝军队人数最多的时候也只有五六十万，可是宋朝军队人数最多的时候达到了一百二十万，而宋朝的国土面积比唐朝小得多。

"冗官"即官僚机构恶性膨胀，人员远远超出正常的工作需要，行政效率低下。由于科举考试的录取率变高了，在整个两宋的三百多年间，朝廷录取了两万多名进士，是存在了近三百年的唐朝的十倍之多。这就导致官员太多。

军队人员过多、官员过多，各种费用也随之增多，这就导致了"冗费"。

"三冗"就导致了"两积"——积贫和积弱。

3. "庆历新政"

在这个时候要改变"三冗两积"的局面，只有改革这一条路可走。最先发起这场改革的，主要是韩琦、范仲淹、欧阳修等人，但是主力就是韩、范二人。这场变革叫作"庆历新政"。

"庆历新政"从庆历三年（1043年）开始，于庆历四年（1044年）失败。"庆历四年春，滕子京谪守巴陵郡。"庆历四年，韩、范的同僚滕子京就被贬职了。这时候，欧阳修虽然不算是新政的革新派，却更不算保守派。但是欧阳修总是站在范仲淹的一边，为范仲淹说好话，而且他这个人的脾气又比较倔，敢于直说。在韩琦和范仲淹被贬官以后，欧阳修就给皇帝上表，说不应该贬韩、范二人，直接表明了自己的立场，结果欧阳修就被保守派的人记恨了。

❧ 欧阳修生平 ❧

1. 基本信息

欧阳修谥号文忠。"谥号"就是一个人去世之后，朝廷总结他一生的功过，给他一个封号。苏轼的谥号也叫"文忠"，司马光和范仲淹的谥号都叫"文正"。欧阳修出生于1007年，1072年去世，是距今一千年左右的人物。

欧阳修字永叔，字里有个"叔"，这说明他在家里排行第几？他应该是排行第二之后，但不是最小的。老大叫伯或者孟，老二叫仲，中间的叫叔，最小的那个叫季。所以他叫"叔"，既不是老大，也不是老二，还不是最小的，而是中间的。

欧阳修号醉翁，就是"醉酒老头"的意思。欧阳修还不满四十岁，就把自己称作老头，由此可以看出欧阳修的不快乐和忧愁。

欧阳修晚年又号六一居士，这个"六一"和儿童节可没有什么关系，而是指六个"一"：一万卷书、一千卷金石文、一盘棋、一壶酒、一把琴，再加上他这个老头子，一老翁。所以他号六一居士。欧阳修是政治家、文学家、史学家。他也是《新唐书》的主编、古文运动的领袖、"唐宋散文八大家"之一、"千古文章四大家"之一。

2. 两次被贬

第一次的夷陵之贬，缘于欧阳修酣畅淋漓的一封信。

微课扫一扫

高若讷　　　　　　　　　　　　　　欧阳修

　　在范仲淹第一次尝试改革失败之后，朝中许多官员被贬，其中有一位官员叫余靖。一天，朝中很多大臣在余靖家做客，为他送行。一个叫高若讷的谏官在席上大肆讥讽、攻击范仲淹。欧阳修极其气愤，回去后给高若讷写了一封信抨击他，这就是著名的《与高司谏书》。在这封信里，欧阳修欲抑先扬，先夸赞高若讷，再贬损他，写得可谓字字诛心。他写道："圣朝有事，谏官不言而使他人言之，书在史册，他日为朝廷羞者，足下也。"这是说高若讷作为谏官，却不敢发出自己的声音，这是谏官的耻辱，是宋朝的耻辱，是要被钉在历史的耻辱柱上的。

　　暴跳如雷的高若讷立即向皇帝报告了欧阳修的"恶行"，并将这封信交了上去。欧阳修为他的慷慨陈词付出了代价，不久之后便被贬夷陵。当时有友人写信问候欧阳修的近况，欧阳修表现得极为泰然，没有一丝沮丧之气。

　　但是在第二次的滁州之贬中，欧阳修在《醉翁亭记》中自号"醉翁"，写道："苍颜白发，颓然乎其间者，太守醉也。"欧阳修滁州之贬的背后到底有什么故事？为什么会让欧阳修发出颓然之叹？

与之前的夷陵之贬相似，滁州之贬缘于欧阳修的一篇奏文——《朋党论》。欧阳修在文中针对保守势力将改革派说成朋党这一论点，立论反驳，言君子也要有"朋党"，否则斗不过小人。可是事与愿违，宋仁宗并没有听进欧阳修的建议，改革再次宣告失败，欧阳修被贬滁州。

在欧阳修出发之际，宋仁宗亲自去送他。在送别的时候，宋仁宗安慰欧阳修，说让他到滁州休养一段时间，有要进谏的事情就直接写奏折，就当在朝堂一样，他很快就会召回欧阳修，改革还要继续。然而，就在欧阳修被贬滁州后不久，宋仁宗发诏文严厉斥责朋党，坚决不允许官员搞朋党，这显然与欧阳修在《朋党论》中的观点相悖。显然，在欧阳修离开京城的这段时间里，政局又发生了变化。

在这样的情况下，欧阳修写下了《醉翁亭记》，由此，我们可以理解为什么欧阳修在第一次被贬谪时的心情是泰然，而第二次是颓然。

在第一次贬谪中，欧阳修知道宋仁宗只是一时为了平衡政局，改革的风暴只会在短暂的酝酿之后来得更加猛烈，所以那时的欧阳修表现得很泰然。

但是第二次不同，宋仁宗的表现明显传达出他已经放弃了改革，欧阳修的政治理想的实现遥遥无期，所以他颓然。到了滁州以后，也就是欧阳修写《醉翁亭记》的时候，他还不到四十岁，头发却已经白了，样子很颓废。欧阳修喝一点酒就醉，但是却经常喝酒，因为他看到政治黑暗、前途无望，在这样的情况下，他做不了别的事情。他要么就像唐朝的柳宗元那样，天天任由自己的负面情绪爆发，"孤舟蓑笠翁，独钓寒江雪"；要么就像刘禹锡那样，写一篇《陋室铭》，或写句"尽是刘郎去后栽"来挑衅。欧阳修选择了另外一条道路——"与民同乐"。"不是让我当滁州知州吗？那我就做好我的工作呗。在工作之余和老百姓一起出去玩儿呗，大家一起吃饭，一起喝酒，一起欣赏美景。"看到百姓很快乐，欧阳修也很快乐。他快乐的是两种快乐：一是山水之乐，因美景而快乐；二是因为老百姓快乐，而自己稍感欣慰，至少还能干点实事。但欧阳修的灵魂是忧愁的，只有无奈而已。所以，这就是欧阳修《醉翁亭记》的写作背景。

只有知道了这个背景，我们学《醉翁亭记》的时候才能看懂他的那些所谓的"乐"。那都是假的乐，这背后有他深深的无奈。

 文本解析

醉翁亭记

北宋 · 欧阳修

扫码听音频

环滁（chú）①皆②山也。其③西南诸峰，林壑④尤⑤美，望之蔚然而深秀者，琅琊（láng yá）也⑥。山⑦行六七里，渐闻水声潺潺⑧而⑨泻出于两峰之间者，酿泉⑩也。峰回路转⑪，有亭翼然临于泉上⑫者，醉翁亭也。作⑬亭者谁？山之僧智仙也。名⑭之者谁？太守自谓也⑮。太守与客来饮于

此，饮少辄⑯醉，而年又最高⑰，故自号⑱曰⑲醉翁也。醉翁之意⑳不在酒，在乎㉑山水之间也。山水之乐，得㉒之心而寓㉓之酒也。

① 环滁：环绕着滁州城。滁，滁州，在安徽东部。

② 皆：副词，都。

③ 其：代词，它，指滁州城。

④ 壑：山谷。

⑤ 尤：格外，特别。

⑥ 望之蔚然而深秀者，琅琊也：一眼望去，树木茂盛又幽深秀丽的，是琅琊山。蔚然，茂盛的样子。

⑦ 山：名词作状语，沿着山路。

⑧ 潺潺：流水声。

⑨ 而：表承接。

⑩ 酿泉：泉的名字。因水清可以酿酒，故名。

⑪ 峰回路转：山势回环，路也跟着拐弯。回，曲折、回环。

⑫ 有亭翼然临于泉上：有一座亭子，（亭角翘起）像鸟张开翅膀一样，高踞于泉水之上。临，居高面下。

⑬ 作：建造。

⑭ 名：名词作动词，命名。

⑮ 太守自谓也：太守用自己的别号（醉翁）来命名。

⑯ 辄：就。

⑰ 年又最高：年纪又是最大的。

⑱ 号：名词作动词，取别号。

⑲ 曰：叫作。

⑳ 意：意趣，情趣。

㉑ 乎：相当于"于"。

㉒ 得：领会。

㉓ 寓：寄托。

环绕滁州的都是山。西南的那几座山峰，树林和山谷尤其优美。一眼望去，树木茂盛又幽深秀丽的，是琅琊山。沿着山路走六七里，渐渐听到潺潺的水声，看到流水从两座山峰之间倾泻而出的，那是酿泉。泉水沿着山峰折绕，沿着山路拐弯。有一座亭子，（亭角翘起）像飞鸟展翅似的飞架在泉上，那就是醉翁亭。建造这亭子的是谁呢？是山上的和尚智仙。给它取名的又是谁呢？太守用自己的别号（醉翁）来命名。太守和他的宾客们来这儿饮酒，只喝一点儿就醉了，而且他年纪又最大，所以自号"醉翁"。醉翁的情趣不在于喝酒，而在欣赏山水的美景。欣赏山水美景的乐趣，领会于心间，寄托在酒上。

若夫日出而林霏开①，云归而岩穴暝（míng）②，晦明变化③者，山间之朝暮也。野芳发而幽香④，佳木秀而繁阴⑤，风霜高洁⑥，水落而石出者，山间之四时也。朝而往，暮而归，四时之景不同，而乐亦无穷也。

① 林霏开：树林中的雾气散开。霏，弥漫的云气。

② 云归而岩穴暝：云雾聚拢，山谷就显得昏暗了。岩穴，山洞，这里指山谷。暝，昏暗。

③ 晦明变化：意思是朝则自暗而明，暮则自明而暗，或暗

或明，变化不一。

④ **野芳发而幽香**：野花开放，有一股清幽的香味。芳，花。

⑤ **佳木秀而繁阴**：好的树木枝叶繁茂，形成浓密的绿荫。秀，茂盛。

⑥ **风霜高洁**：指天高气爽，霜色洁白。

如果太阳升起，山林里的雾气就散了；（如果）烟云聚拢来，山谷就显得昏暗了；朝则自暗而明，暮则自明而暗，或暗或明，变化不一，这就是山中的朝暮。（春天）野花开了，有一股清幽的香味；（夏天）高大挺拔的树木枝叶繁茂，形成浓密的绿荫；（秋天）天高云淡，风清气爽，寒霜初降，天澄地洁；（冬天）清流渐浅，没石逾出，星罗棋布，这就是山中的四季。清晨前往，黄昏归来，四季的风光不同，乐趣也是无穷无尽的。

至于^①负者^②歌于途，行者休于树^③，前者呼，后者应，伛偻（yǔ lǚ）提携^④，往来而不绝者，滁人游也。临^⑤溪而渔^⑥，溪深而鱼肥，酿泉^⑦为酒，泉香而酒洌（liè）^⑧，山肴野蔌（sù）^⑨，杂然^⑩而前陈^⑪者，太守宴也。宴酣之乐，非丝非竹^⑫，射^⑬者中，弈（yì）^⑭者胜，觥（gōng）筹交错^⑮，起坐而喧哗者，众宾欢也。苍颜^⑯白发，颓然乎其间^⑰者，太守醉也。

① **至于**：连词，于句首，表示两段的过渡，提起另一件事。

② **负者**：背着东西的人。

③ **休于树**：在树下休息。

④ 伛偻提携：老年人弯着腰走，小孩子由大人领着走，这里指老老少少的行人。伛偻，弯腰曲背，这里指老人。提携，牵扶，这里指被牵扶的人，即儿童。

⑤ 临：靠近，这里是"……旁"的意思。

⑥ 渔：捕鱼。

⑦ 酿泉：一处泉水的名字，原名玻璃泉，在琅邪山醉翁亭下。

⑧ 洌：清。

⑨ 山肴野蔌：野味野菜。蔌，菜蔬。

⑩ 杂然：众多而杂乱的样子。

⑪ 陈：摆放，摆开。

⑫ 宴酣之乐，非丝非竹：宴中欢饮的乐趣，不在于音乐。酣，尽兴地喝酒。丝，弦乐器。竹，管乐器。

⑬ 射：这里指投壶，宴饮时的一种游戏，把箭投向壶中，中多者为胜，负者按照规定的杯数喝酒。

⑭ 弈：下棋。

⑮ 觥筹交错：酒杯和酒筹交互错杂。觥，酒杯。筹，酒筹，宴会上行令或游戏时饮酒计数的筹码。

⑯ 苍颜：苍老的容颜。

⑰ 颓然乎其间：醉倒在众人中间。颓然，倒下的样子。

至于背着东西的人在路上欢唱，行路的人在树下休息，前面的招呼，后面的答应，老人弯着腰走，小孩子由大人领着走，来来往往不断的行人，是滁州的游客。到溪边钓鱼，溪水深且鱼肉肥美；用酿泉造酒，泉水甜且酒也清；野味野菜，横七竖八地摆在面前，那是太守主办的宴席。宴中欢饮的乐趣，不在于音乐，投射的中了，下棋的赢了，酒杯和酒筹交互错杂，时起时坐大声喧闹的人，是欢乐的宾客们。一个容颜苍老、头发花白的老人醉倒在众人中间，是太守喝醉了。

已而①夕阳在山，人影散乱，太守归②而宾客从也。树林阴翳（yì）③，鸣声上下④，游人去而禽鸟乐也。然而禽鸟知山林之乐，而不知人之乐；人知从太守游而乐，而不知太守之乐其乐⑤也。醉能同其乐，醒能述以文者⑥，太守也。太守谓⑦谁？庐陵⑧欧阳修也。

① 已而：不久。

② 归：回家。

③ 阴翳：形容枝叶茂密成荫。翳，遮盖。

④ 鸣声上下：指禽鸟在高处低处鸣叫。

⑤ 乐其乐：以游人的快乐为快乐。

⑥ 醉能同其乐，醒能述以文者：醉了能够同大家一起欢乐，醒来能够用文章记述这事的人。

⑦ 谓：为，是。

⑧ 庐陵：庐陵郡，就是吉州（今江西吉安）。

不久，太阳下山了，人影散乱，宾客们跟随太守回去了。树林里的枝叶茂密成荫，鸟儿在高处低处鸣叫，是游人离开后鸟儿在欢乐地跳跃。但是鸟儿只知道山林中的快乐，却不知道人们的快乐。人们只知道跟随太守游玩的快乐，却不知道太守以游人的快乐为快乐啊。醉了能够和大家一起欢乐，醒来能够用文章记述这乐事的人，那就是太守啊。太守是谁呢？是庐陵的欧阳修。

 **窦神解读**

1. 关于"也"字

这篇文章里面出现最多的一个字就是"也"。为什么会出现这么多"也"字呢？"也"其实表示停顿，相当于一个标点符号。古时候没有标点符号，古书都是从右往左竖着写的，那么该停顿的时候怎么办呢？就是利用"之、乎、者、也"这些虚词来表示停顿。什么什么"者"，停一下，什么什么"也"，停一下。"者"和"也"充当逗号和句号。比如："望之蔚然而深秀者，琅琊也。"后来出现了一种非正式的标点符号，就是画圈。因为句读比较复杂，所以人们就拿笔画一个圈，一般拿红色的笔画圈表示停顿。这样一来，"圈"就成了我国古代唯一的标点符号——句号。

2. 关于酿泉

酿泉原来有一个名字叫"玻璃泉"，顾名思义，泉水肯定是非常清澈透明的，水质一定非常好。那为什么要叫"酿泉"？这是因为这水主要是用来酿酒的，酿酒用的水自然需要水质好。因为那时候酒都是用粮食酿造的，是粮食的精华，要是因为水质不好而糟蹋了粮食，就太可惜了。所以，能酿酒的泉都是水质不错的。

3. 关于"醉"

为什么欧阳修只喝了一点就醉了？是因为他的酒量不好

吗？欧阳修在京城里经常与人家应酬，酒量可不小。所以他这时喝醉显然不是因为酒量差。欧阳修虽然是一代名臣，在进入官场之后就非常成熟稳重，但是他在年轻的时候也是个风流公子，他可不是不会喝酒的人。欧阳修之所以喝一点酒就醉了，是因为他心里忧愁，在这种情绪下一喝就容易醉。"酒逢知己千杯少，话不投机半句多。"人在心情大好的时候喝很多酒也喝不醉，在心情特别不好的时候喝一两口酒就醉了。这是需要通过体会文本来分析的。

拓展升华

　　刚直，是一种优良品质，然而过犹不及。

　　北宋著名的武将狄青，行伍出身，战功赫赫，一直做到枢密使，这是与宰相相当的官职了。狄青本人也对北宋王朝忠心耿耿。

　　在狄青任枢密使三年后，开封连天暴雨，大水冲开城门，数万官署民宅被淹。古代最讲究"天人感应"，古人认为一旦天降灾难，必然是朝廷做错了什么。这就给一直对狄青心存不满的文官集团提供了机会。于是，文坛领袖、时任翰林学士的欧阳修上奏宋仁宗，表示大水暴涨就是因为任用了狄青担任枢密使，理由是水和武将在五行中都属阴，宋朝从未发生过大水冲破城门、淹没国都的事，这一定是上天警示朝廷错用了狄青。但是狄青并没有做错什么，对此欧阳修也有说辞，他表示这正是狄青可怕的地方，因为这样的话就不会有人提防他，而他自己也想不到，就算狄青自己不想谋反，他的属下也会拥护他谋反。这套逻辑在现在看来是荒唐至极的，但在当时真的说得通，而且可以说是公认的"真理"。宋仁宗最后没有办法，只好将狄青贬到陈州。不久，狄青郁郁而终。这其中或多或少有欧阳修的责任。

 必考必背

1. 醉翁之意不在酒，在乎山水之间也。

2. 野芳发而幽香，佳木秀而繁阴。

 真题演练

阅读《醉翁亭记》，回答 1 ~ 3 题。（2020 年湖南省株洲市中考题）

1. 对下面句子中加点字的解释，有错误的一组是（　　　）。

A.

①峰回路转　　　　回：挺拔

②太守自谓也　　　谓：对……说

B.

①云归而岩穴暝　　　暝：管暗

②野芳发而幽香　　　芳：花

C.

①泉香而酒洌　　　洌：清

②杂然而前陈者　　　陈：摆开

D.

①而乐亦无穷也　　　亦：也

②已而夕阳在山　　　已而：不久

2. 把下面这个句子翻译成现代汉语。

人知从太守游而乐，而不知太守之乐其乐也。

_____

3. "醉能同其乐，醒能述以文"表达了作者怎样的志趣？

_____

（答案见附录）

爱莲说

——赞美花中的高洁君子

 作品简介

名称：《爱莲说》

出处：《周敦颐集》

年代： 北宋

体裁： 散文

 作者简介

作者： 周敦颐

生卒： 1017—1073 年

籍贯： 道州营道（今湖南道县）

成就： 哲学家、思想家，理学开创者

作品：《周元公集》《太极图说》《通书》

背景介绍

 周敦颐生平

周敦颐，字茂叔，人称"濂溪先生"，谥号"元公"，1017年生，1073年去世。提起周敦颐，大家可能不太熟悉，但与他同时代的两个人几乎无人不晓，一个是"醉翁之意不在酒"的"醉翁"——欧阳修，他比周敦颐大十岁；另一个是集"文化大咖"与"美食大王"等称号于一身的苏东坡——苏轼，他比周敦颐小十九岁。

周敦颐小时候跟随母亲投奔他的舅舅郑向，郑向当过龙图阁学士，是皇帝身边的红人。宋朝规定，七品以上的官员年老退休的时候，可以推荐一名自己家的孩子出来做官，这叫作"荫补"。在郑向六十岁的时候，皇帝恩准他"荫补"一名子弟做官。那推荐谁呢？郑向有两个儿子，还有几个侄子，按理说应该推荐他们，但是"爱甥如子"的郑向却把这个宝贵的机会给了十九岁的外甥周敦颐。周敦颐对舅舅非常感激，一直像孝敬父母一样孝敬舅舅和舅母。他的舅舅对他特别好，他也尽心回报他的舅舅，这在当地被传为佳话。

周敦颐为官清廉，秉公执法，欺压百姓的衙门小吏和豪门恶霸都怕他。因此，周敦颐每到一个地方上任，都能受到当地百姓的欢迎和拥戴。但周敦颐太过耿直，不畏权势，经常得罪上司，因此他虽然做了很多年的官，但官职一直都不高，所以他本人就有一些莲花般的高洁气质。

文学背景

1. 理学

在政治上，周敦颐不算一个有影响力的政治家；在文坛中，他也不算一个特别专业的文人。他的作品，除了《爱莲说》以外，我们似乎很难再找出一篇让大家耳熟能详的文章了。那他真的仅仅是一个普通人吗？当然不是。周敦颐是一个非常有影响力的思想家，在中国思想史上的地位非常高，他是理学的开创者。

理学是什么呢？理学实际上是一种新儒学。自汉武帝实行"罢黜百家、独尊儒术"的政策后，儒学作为官方正统思想，在我国历史上延续了近两千年。但儒学并不是一成不变的，而是随着社会的发展和统治者的需要而不断发展、演变的。在发展、演变的过程中，儒学也一直在吸收其他学说的思想。

在两汉时期，研究儒家经典、解释儒家经典的"经学"成为一种时尚。魏晋时期社会动荡，知识分子们对儒学产生了怀疑，他们觉得道家思想更符合自己的心意，于是研究《老子》《庄子》《周易》的"玄学"成了新的社会风尚。

后来佛教盛行，上至皇帝，下到平民百姓，人们对佛教的推崇到了不可思议的程度。"南朝四百八十寺"写的就是这种盛况。在这样的历史背景下，又有一批儒学的继承人站出来反对佛教，韩愈就是其中的一位代表。

到了宋代，儒家学者开展了复兴儒学、抨击佛道的活动，但他们不仅是复古，而是以原有的儒家学说为基础，提出了许多新的主张，并把佛、道的部分理念融合进去，形成了一个更加完备的新儒学体系——理学。理学的思想一直被沿用至清代。而理学的开创者就是周敦颐，他被后人尊称为"周子"。周敦颐的两位学生程颢和程颐继承并发展了周敦颐的思想，而南宋的朱熹，则是理学的集大成者，被后世尊称为"朱子"。

理学家认为，宇宙万物之所以如此整齐、有秩序，是因为世界上存在着一个"主宰"，这个"主宰"是一种规律，这种规律就是"理"。

2. 格物致知

理学中有一个重要的观点，叫"格物致知"，意思是通过观察、分析具体的事物，得到某种道理。从这个角度讲，我们就能理解周敦颐的《爱莲说》了，它表面上是在写莲花，实际上是在通过莲花分析"理"，通过莲花说人的品质和德行，说明什么样的人才是最值得推崇的。

理学在其发展过程中，吸纳了佛、道的理论，使得"儒能包佛，儒能容道"。莲花在佛家和道家都十分受欢迎。

3. 关于莲花的诗词

李商隐有两首诗，一首是《赠荷花》，其中有一句"惟有绿荷红菡（hàn）萏（dàn），卷舒开合任天真"；另一首是《宿骆氏亭寄崔雍崔衮》，其中有"秋阴不散霜飞晚，留得枯荷听雨声"。

王昌龄的《采莲曲》也非常著名："荷叶罗裙一色裁，芙蓉向脸两边开。"那碧绿的荷叶与采莲女穿的绿色的绫罗做成的裙子，好像是一色一样，根本分辨不出，她的脸像芙蓉（莲花）一样美。脸庞和芙蓉是分不开的，裙子跟叶子是分不开的，写得多妙啊。

　　杨万里的《小池》中有一句"小荷才露尖尖角，早有蜻蜓立上头"；他的《晓出净慈寺送林子方》中有"接天莲叶无穷碧，映日荷花别样红"。柳永的《望海潮》中有"三秋桂子，十里荷花"。周邦彦的代表作《苏幕遮》中有"叶上初阳干宿雨，水面清圆，一一风荷举"……许多文人在作品中都描写过莲花。

写作背景

　　《爱莲说》写于 1067 年左右，那时候周敦颐差不多五十岁，他治学已经达到了一定的境界。

　　在周敦颐以前，莲花虽然也有人喜爱，但其地位并不是很高。"花开时节动京城"的牡丹、"凌寒独自开"的梅花、"咬定青山不放松"的竹子、"不求闻达只烟霞"的兰花、"宁可枝头抱香死，何曾吹落北风中"的菊花，似乎都能排到莲花的前面。直到周敦颐以后，莲花的地位才有所上升。

　　唐朝时，大家都非常喜欢雍容华贵的牡丹，还经常把牡丹花别在头上，做成花环，有时候还会举行"斗花环"的仪式，大家争奇斗艳，看谁戴的牡丹花环更漂亮。到了花开的时候，车如流水马如龙，大家都要去看牡丹，这成了一种时代风尚。

　　而周敦颐有一首诗叫作《题莲》，他在其中写道："佛爱我亦爱，清香蝶不偷。一般清意味，不上美（一说'妇'）人头。"意思是：佛祖爱莲花，佛和菩萨都盘坐莲台；佛爱莲花，我也爱莲花；莲花清香但是蝴蝶偷不走这清香，就是那种平常的清清淡淡的香味，女子不会把它戴在头发上。可以在头上戴牡丹花，也可以戴蔷薇花，却从来没有人在头上戴莲花。这就是"不上美（一说'妇'）人头"，莲花固然是美的，却美得不张扬，好似有一种淡然却傲岸的风韵在里面。这篇《爱莲说》更是大力赞美了莲花的高洁品质，直抒作者对莲花的喜爱之情。

 **文本解析**

爱莲说

北宋·周敦颐

扫码听音频

　　水陆草木之花，可①爱者甚蕃（fán）②。晋陶渊明独爱菊。自李唐③来，世人甚④爱牡丹。予独爱莲之出淤（yū）泥⑤而不染⑥，濯（zhuó）清涟（lián）而不妖⑦，中通外直⑧，不蔓不枝⑨，香远益清⑩，亭亭净植⑪，可远观而不可亵（xiè）玩⑫焉。

　①可：值得。

　②蕃：多。

　③李唐：指唐朝。唐朝的皇帝姓李，所以称为"李唐"。

　④甚：特别，十分。

　⑤淤泥：河沟、池塘里积存的污泥。

　⑥染：沾染（污秽）。

　⑦濯清涟而不妖：经过清水洗涤但不显得妖艳。濯，洗。涟，水波。妖，艳丽。

⑧ **中通外直**：（莲的柄）内部贯通，外部笔直。

⑨ **不蔓不枝**：不横生藤蔓，不旁生枝茎。蔓、枝，都是名词用作动词。

⑩ **香远益清**：香气远闻更加清芬。

⑪ **亭亭净植**：洁净地挺立。亭亭，耸立的样子。植，竖立。

⑫ **亵玩**：靠近赏玩。亵，亲近但不庄重。

水上和陆地上草本和木本的花中，值得喜爱的有很多。晋代陶渊明唯独喜爱菊花。自从唐朝以来，世人很喜爱牡丹。我唯独喜欢莲花，它从淤泥中生长出来，却不受淤泥的沾染；它经过清水的洗涤后，却不显得妖媚。（它的柄）内部是贯通的，外部是笔直的，不横生藤蔓，不旁生枝茎。香气远闻更加清芬，它洁净地挺立在那里，（人们）可以远远地观赏它，却不可靠近去玩弄它。

予谓菊，花之隐逸①者也；牡丹，花之富贵者也；莲，花之君子者也。噫（yī）②！菊之爱，陶后鲜（xiǎn）③有闻④。莲之爱，同予者何人⑤？牡丹之爱，宜乎众矣⑥。

微课扫一扫

① **隐逸**：隐居避世。这里是说菊花不与别的花争奇斗艳。

② **噫**：叹词，表示感慨。

③ **鲜**：少。

④ **闻**：听说。

⑤ **同予者何人**：像我一样的还有什么人呢？

⑥宜乎众矣：应当人很多了。宜，应当。

我认为，菊花，是花中的隐士；牡丹，是花中的富贵者；莲花，是花中的君子。唉！对菊花的喜爱，在陶渊明之后就很少听说了。对莲花的喜爱，像我一样的还有什么人呢？对牡丹的喜爱，应当人很多了。

 窦神解读

1.陶渊明独爱菊

东晋的陶渊明是个著名的隐士。"采菊东篱下，悠然见南山。"他多次出仕做官，但是在做官的时候，没做多久就感觉特别郁闷，于是辞官了事。他做过江州祭酒，又做过几个人的幕僚，做过参军。陶渊明最高做过彭泽县的县令。在他的任期内，督邮要来检查他的工作。督邮来了之后，陶渊明忍气吞声，他心里很难受："哎哟，这不是欺负我吗？"因此陶渊明就辞职了，他把官印放在房梁上，骑着一头驴就跑了。他说："吾不能为五斗米折腰，拳拳事乡里小人邪！"意思是："我怎么能为了一个月五斗米的工资，就低声下气地向这些小人献殷勤呢？我不做了！"

陶渊明回家做隐士后，每天饮酒赏花。陶渊明最喜欢的就是菊花，因为菊花非常清雅，它的花瓣如此细小，是那样的不张扬，是陶渊明心里仅存的一块净土的守护之花。他觉得菊花象征着美好，这种小而美的东西代表他的心灵世界。

2."李唐"翻译技巧

在前面加上皇帝的姓氏来称呼一个王朝的做法是很常见的，如李唐、刘汉、赵宋。尤其是赵宋，它经常被用到，因为南北朝时期南朝有宋、齐、梁、陈，南朝宋因为皇帝姓刘，所以人们就把这个王朝叫作刘宋王朝。因此，在翻译"李唐"的时候，可以翻译成"唐朝"，这种翻译比较准确。要是想把这个"李"字也带上，可以翻译成"李氏唐朝。"

3. "朝"和"代"的区别

"朝"是一个空间概念，是个王朝，是个国家。"代"是一个时间概念。例如"宋代"，指的就是距今约一千年的宋朝存在的那段时间，而"宋朝"指的则是这个国家，如宋朝和金朝、梁朝打仗，指的是宋国与金国、梁国打仗，是国家之间的战争。

4. 关于君子

在甲骨文中，"君"的上半部分"Ḥ"是"尹"，像手里拿着权杖，意思是治理，管理；下半部分"Ḥ"是"口"，表示命令。手持权杖、发号施令的人就是"君"，所以"君"代表最高统治者，即君主或国君。"君子"最初指的是国君之子，后来指品德高尚的人。"君"字的演变如下图。

甲骨文　　　　金文　　　　小篆　　　　楷书

5. 牡丹、菊花和莲花

在《爱莲说》中，牡丹和菊这两种花被拿出来做对比。牡丹色泽艳丽、花大而香，有"国色天香"之称。对普通大众而言，其最朴素的追求还是吃饱饭、过上富裕的日子，所以象征着荣华富贵的牡丹必然是他们的最爱。菊花清丽淡雅、芳香袭人，开在百花凋后，不与群芳争列，象征着恬然自处、傲然不屈的高尚品格。东晋陶渊明是一个"不为五斗米折腰"的人，他甘愿"采菊东篱下，悠然见南山"，做一名隐士。陶渊明爱菊、赏菊、写菊，他与菊交相辉映，浑然一体。

周敦颐尽管和陶渊明一样看不惯官场黑暗，但他并没有像陶渊明一样做一名遁世隐逸者，而是希望做一个"出淤泥而不染"的人。莲花的一切特征，都是他关于道德品质的追求。当时的官场已然好似一滩淤泥，但君子如莲花一般，从淤泥中长出却不受淤泥的污染。莲花的茎内是贯通的，外部是笔直的。这就是正人君子的姿态，内心很谦虚，但会挺起脊梁、不低头、有骨气。莲花没有用于攀援的枝蔓，君子也绝不攀龙附凤，绝不结党营私，绝不依靠别人，活得有傲气、有傲骨，活得有风度。

唉，污浊的官场怎么能容下我这朵清纯的莲花呀！

周敦颐

拓展升华

《爱莲说》这篇文章运用了"托物言志"的手法。托物言志是古典诗文中一种常见的表现手法，作者通过描摹事物的某一个方面的特征，来表达自己的思想感情或者揭示作品的主旨。要运用托物言志的手法，一般要求所描写的物品的主要特点与自己的志向和意愿有某种相同点或相似点。周敦颐就看中了莲花"出淤泥而不染，濯清涟而不妖"的特点，借此来表达自己不与世俗同流合污的志向。

 必考必背

1. 予独爱莲之出淤泥而不染，濯清涟而不妖。

2. 中通外直，不蔓不枝，香远益清，亭亭净植。

3. 予谓菊，花之隐逸者也；牡丹，花之富贵者也；莲，花之君子者也。

 真题演练

阅读《爱莲说》完成 1 ～ 3 题。（2018 年贵州省遵义市中考题）

水陆草木之花，可爱者甚蕃。晋陶渊明独爱菊。自李唐来，世人甚爱牡丹。予独爱莲之出淤泥而不染，濯清涟而不妖，中通外直，不蔓不枝，香远益清，亭亭净植，可远观而不可亵玩焉。

予谓菊，花之隐逸者也；牡丹，花之富贵者也；莲，花之君子者也。噫！菊之爱，陶后鲜有闻。莲之爱，同予者何人？牡丹之爱，宜乎众矣。

1. 翻译下列加点的字。

  ①予独爱莲之出淤泥而不染   之 _____

  ②不蔓不枝   枝 _____

  ③可远观而不可亵玩焉   而 _____

  ④陶后鲜有闻   鲜 _____

2. 用现代汉语翻译下列句子。

  ① 予谓菊，花之隐逸者也

  _____

  ②牡丹之爱，宜乎众矣！

  _____

3. 本文抒发了作者怎样的志向与情感？

  _____

（答案见附录）

祖　逖

——闻鸡起舞千云志，中流击楫誓不归

 作品简介

名称：《祖逖》

出处：《资治通鉴》

年代： 北宋

体裁： 史传散文

 作者简介

作者： 司马光，字君实，号迂叟

生卒： 1019—1086 年

籍贯： 陕州夏县（今属山西）

成就： 政治家、史学家、文学家，主持编纂《资治通鉴》；历仕四朝，政绩卓著

作品：《资治通鉴》

司马光生平

1. 当"牛脾气"遇上"拗相公"

《祖逖》选自《资治通鉴》，《资治通鉴》是司马光呕心沥血写成的巨著。在北宋的文坛上，有一个几乎与司马光一样的人，他的品行特别端正，文章的造诣奇高，那个人叫王安石。司马光外号叫"司马牛"，脾气特犟；王安石和"司马牛"一样，脾气也非常倔强，后人称之为"拗相公"。他们俩还有很多相同点：都很有学问、爱读书，对生活一点都不讲究，也没什么钱。两个人还都是一代名臣，官拜宰相，叱咤风云，都很了不起。司马光小时候就是个天才，他只比王安石大三岁，两个人年纪相仿。王安石和司马光两个人都做过包拯的部下。司马光的青少年时期，简直像"开挂"了一样。他六岁时就跟着父亲读书，七岁时不仅会背诵《左传》，而且能分析得头头是道。

大概是这个儿子太给自己长脸了，父亲司马池每逢出游或与同僚密友交谈，都愿意带上司马光。耳濡目染之下，才十二三岁的小司马光的学识与谈吐就已经完全不亚于成年人，赢得了当时许多大臣、名士的赏识，尚书张存甚至主动提出要将女儿许配给他。十九岁时，司马光一举高中进士甲科，从此步入仕途。

司马光与王安石不光在很多地方都比较像，他还很支持王安石。王安石最初提出变法的时候，司马光虽然表面上是反对的，但实际上他是支持的。直到王安石的"青苗法"一出来，司马光认为"青苗法"是让县官去放贷款，老百姓还不得不买账，相当于强买强卖，这比民间的贷款可怕多了，这时候司马光才大力反对。他和王安石的关系本来是不错的，后来有很多人弹劾王安石，他还出来帮王安石说话："你们错了，王安石不是个坏人，他也想干好事。"

司马光一生都在忧国忧民，皇上一直不立太子，他天天上书劝谏皇上，宁可让皇上猜忌他、不喜欢他，他也要说。太后掌权的时候，他不停地写信给太后，劝太后与皇上要和睦。他就是一个这么好的大臣。王安石被称为"王文公"，司马光被称为"司马文正公"，这两位是中国古代文人士大夫阶层里典范中的典范。

2. 诚信卖马，典地葬妻

司马光是陕州夏县人，就是今山西夏县一带的人。他历仕四朝，政绩卓著，民间流传着很多与他有关的故事。第一个故事是家喻户晓的"砸缸救友"，就是"司马光砸缸"。第二个故事是"诚信卖马"。因为司马光家境清贫，生活费都不够，他就让管家把家里最后的财产——一匹膘肥体壮的马卖掉。管家牵着马到集市上去卖，结果有一个人看中了马，问道："多少钱？"管家说："我就要五十缗①，五十缗钱才卖给你。"那人问："这马怎么这么贵？"管家说："这是我们司马公的马，这马可好了！"那人说："哦，司马公的马，那我买了。但是我没

---

① 缗（mín），用于成串的铜钱，每串一千文。

带够钱，明天我到府上去领马，就把钱带过去。"管家牵着马回去了，告诉了司马光："老爷，我这马卖了五十缗。"司马光觉得挺好，但他看到这马时突然想起这马身体不好，就说："这马有病，如果把病马当作健壮的马卖给别人，我们就骗了人家，占了人家便宜，我们不能这么做。"于是他要求管家第二天降价，并主动把马的情况告诉买马的人。第二天买家到司马光家中取马，管家就说："我们老爷说了这马有病，所以要给你降价。"结果这匹马就以很低的价格卖了。周围的人听说司马光穷得都卖马了，就筹集了粮食和钱送给司马光。由此可见，司马光是一个非常诚实的人。第三个故事是"典地葬妻"。司马光的妻子死了，司马光没有钱安葬她。他可是做过宰相的人，最后居然没有钱安葬自己的妻子。他就把自己家里仅剩的三顷地典当了，用换来的钱安葬了妻子。所以这也可以看出他的生活非常窘迫。

文学背景

1.《资治通鉴》

《祖逖》是《资治通鉴》里的一篇文章。《资治通鉴》是中国第一部编年体通史。那什么叫"编年体"呢？以时间为线索来写的历史就叫"编年体"，以人物为线索来写的历史叫"纪传体"，以诸侯国和地理位置来写的历史叫"国别体"。《春秋》是中国最早的编年体史书，但不是通史。那什么叫"通史"呢？通史就是从很久远的时期一直写到作者所处的时期。《资治通鉴》记载了从公元前400多年的周朝到唐朝之后的五代十国的后周，也就是宋朝即将建立之时，大约一千三百年的历史。编年体史书还有《竹书纪年》，是写在竹简上的历史书。

如果说以往的史书用的是全景镜头，那么司马光的《资治通鉴》用的就是近景甚至特写镜头。他的目光聚焦到了一点——政治史。"以史为鉴"是中国古代由来已久的传统，帝王将相尤其注重历史，他们都想从中汲取治国理政的经验和教训。司马光编写的这部史书就是给帝王将相看的史书。宋神宗对这套史书爱不释手，不仅在每编的收尾处都盖上了自己的图章，而且亲自为其写序，并赐名《资治通鉴》。在宋神宗看来，这套史书"有鉴于往事，以资于治道"。"资"就是帮助，"治"就是治理国家，"通鉴"就是遍揽的通史。"鉴"本来的意思是盛水的盆，是一种盛水的器皿。古人发现盛水的器皿可以照出自己的影子，所以"鉴"又变成了"照"。慢慢地，这个字的意思演变成了"镜子"，慢慢地又演变成了"借鉴"。以后的历代君王都将这套史书作为必读的教科书。值得一提的是，因为司马光出色的文笔和叙事能力，《资治通鉴》还具有相当高的文学价值，与司马迁的《史记》并称为"史学双璧"。

2. 祖逖其人

祖逖于 266 年出生，在 321 年去世。他是范阳郡逎县人。逎县在今天的河北省涞水县一带，离北京非常近，现在涞水的滨河公园里还有祖逖的雕像。对大多数人而言，祖逖可能是一个不太熟悉的人物，但"闻鸡起舞"这个故事是大家耳熟能详的。这个故事的主人公就是祖逖和他的好兄弟刘琨（kūn），他们怀有报国之志，奋发图强。当时，大部分人选择刻苦读书，而他们却选择习武。为什么选择习武而不是读书呢？因为祖逖从小就不喜欢读书，他虽出身于世家大族，却对读书这件事一直深恶痛绝；更重要的是，敏锐的祖逖已经感觉到，乱世将要来临，这是一个可以用武力来建功立业的时代。祖逖是两晋时期的军事家，他的主要成就是率部北伐，收复黄河以南、长江以北的地区，也就是收复了河南。他的著名的事迹是"闻鸡起舞""中流击楫而誓"。"中流击楫而誓"就是祖逖把船桨在长江上一拍，发誓说："我祖逖要是不能收复故土，收复中原，就让我和这长江水一样，流走了再不回来。"

祖逖当时在河南势力极大，从而引起了朝廷的猜忌，这就好比谁呢？这就好比岳飞。岳家军当时的兵力在南宋的鼎盛时期占了整个南宋兵力的三分之二。其他的家军，如韩世忠的韩家军、刘光世的刘家军、张俊的张家军、吴玠（jiè）的吴家军，他们所有人的兵权都被收了，五大家军中只有岳家军的兵权还在岳飞手中。岳家军打仗勇猛，除了岳飞，任何人的命令都不听。皇帝十分担心岳飞拥兵自重、功高震主，于是起了杀心。祖逖还没达到岳飞的高度，但是他的影响力也很大。他跟石勒的关系很好，可石勒是敌方，于是他们就一直对峙着，亦敌亦友。可是正在对峙中，祖逖听说大晋王朝内部又出乱子了，因为朝廷出现了一个野心家，这个人叫王敦，他想造反。王敦出身琅琊王氏，是王羲之的祖先。王敦的弟弟王导是宰相，他自己又是在外带兵的大将军，所以王敦天天想着造反。

王敦简直就是一千六百多年前的"摇滚乐手"，他很擅长打鼓，连皇帝都听过他打鼓。王敦年轻的时候是个"摇滚青年"，后来他慢慢掌握了权力，想要灭掉东晋王朝，将司马氏取而代之，尽管最后没有成功。而当时祖逖得知王敦要造反，就知道自己的北伐绝对不可能成功了，因为朝廷已经无暇顾及北伐了。

3. 三国魏晋南北朝的乱世

东汉末年天下三分，最后三家归晋。晋统一以后，统治混乱，主要原因是晋武帝司马炎做了错误的决定，分封了很多诸侯王；这些诸侯王掌握了太大的权力，所以他们开始威胁中央，纷纷起兵，这就是著名的"八王之乱"。早期实力特别强的是齐王司马冏（jiǒng）（"冏"的意思不是窘迫，而是光明）。祖逖最先投靠的是司马冏，后来这几个王爷，包括琅琊王司马睿、赵王司马伦都拉拢过他，就连晋惠帝司马衷也拉拢过他，祖逖都没有答应。

最后，洛阳被北方的游牧民族攻陷了。为了躲避战乱，司马家的五位王爷琅琊王司马睿、南顿王司马宗、彭城王司马纮（hóng）、汝南王司马佑、西阳王司马羕（yàng）一起渡过长江，向南逃去，史称"衣冠南渡，五马渡江"。最后，琅琊王司马睿成功建都于建邺（今江苏南京），史称"东晋"。于是又衍生出来一个新的说法，就是"五马渡江去，一马变为龙"，意思是五匹马横渡长江，最后其中的一匹马成了龙，这句话暗含的意思就是五位王爷同时渡江，而建立了新的王朝的那位王爷就是"龙的传人"。

值此乱世，祖逖率领着自己的同乡同族几百户（一户差不多有十个人，几百户就有几千人），追随着残余的晋朝宗室南下。一路上遇到被盗贼包围的情况，他能把这些盗贼都解决掉，要么率领着宗族里的强壮的小伙子把人家揍了，要么通过"外交手段"让这些人放过他们。他一路上表现出的机智和才华，让这些跟着他的人都特别佩服，所以他的名声越来越大。

后来祖逖一行人到了南方，局势逐渐安定下来，他要组织军队北伐。当时掌管东南部的是名义上的左丞相、名义上的大都督、名义上的王爷琅琊王司马睿。他对北伐之事没有多大的热情，但北伐在政治上又是一件无比正确的事。碍于情理，司马睿无法拒绝祖逖，于是他任命祖逖为豫州刺史、奋威将军，拨了一千人的粮食和三千匹布让他出师北伐；除此之外，既未提供军队，也未提供武器。

这次看似几乎无法成功的北伐，却被祖逖有模有样地组织了起来。他自己招募士兵，自己冶炼武器。北上渡江时，祖逖在江中用船桨敲击立誓："如果我不能收复北方故土，就让我像这江水一般有去无回！"

经过多次苦战，祖逖收复了黄河中下游以南的地区。至此，北边就是游牧民族政权，司马睿在南方即位，成立了东晋，中国出现了南北对立的局面。祖逖本想渡黄河北进，不料朝廷却另派人来做大都督，北伐的计划也被取消了。同时，祖逖又得到晋朝内部王敦在酝酿政变的消息，不禁悲愤成疾。他在生命垂危时还一心惦记着国事。他死后，河南和淮河流域很快又被敌方占领了。

东晋灭亡后，刘裕建立了一个王朝——宋朝。为了与赵匡胤建立的宋朝相区分，后世称其为"刘宋"。刘宋终结之后是南齐、南梁和南陈，通常称为"宋、齐、梁、陈"。北方是北魏，后来是北齐、北周。最后南北朝被隋统一，乱世就结束了。

 文本解析

祖 逖

北宋·司马光

扫码听音频

初，范阳祖逖，少有大志，与刘琨俱①为司州②主簿③。同寝，中夜④闻鸡鸣，蹴（cù）琨（kūn）觉（jué）⑤，曰："此非恶声⑥也！"因起舞⑦。

① 俱：一起。

② 司州：地名，今河南洛阳。

③ 主簿：主管文书簿籍的官。

④ 中夜：半夜。

⑤ 蹴琨觉：踢醒刘琨。蹴，踢，蹬。觉，睡醒。

⑥ 恶声：传说半夜鸡叫是不吉之兆。

⑦ 因起舞：于是起床舞剑。因，于是。舞，指舞剑。

从前，范阳有一个叫祖逖的人，他年轻时就胸怀大志，曾与刘琨一起担任司州的主簿。（他）与刘琨同睡一处，半夜时听到鸡鸣，踢醒刘琨，说："这不是不吉利（或邪恶的）的声音。"于是与刘琨一起起床舞剑。

及渡江，左丞相睿①以为军谘（zī）祭酒②。逖居京口③，纠合④骁（xiāo）健⑤，言于睿曰："晋室之乱，非上无道而下怨叛⑥也，由宗室争权，自相鱼肉⑦，遂使戎（róng）狄⑧乘隙，毒流中土⑨，今遗民⑩既遭残贼，人思自奋。大王诚能命将出师，使如逖者统之以复中原，郡国⑪豪杰，必有望风响应⑫者矣。"睿素⑬无北伐之志，以逖为奋威将军、豫州刺史⑭，给千人廪（lǐn）⑮，布三千匹，不给铠（kǎi）仗⑯，使自召募。逖将（jiàng）⑰其部曲⑱百余家渡江，中流⑲击楫⑳而誓曰："祖逖不能清中原而复济㉑者，有如大江！"遂屯㉒淮阴，起冶铸兵㉓，募得二千余人而后进㉔。

① 左丞相睿：即司马睿（276—322 年），东晋元帝，当时为琅琊王，任左丞相。

② 以为军谘祭酒：派他做军事顾问。以为，即"以之为"，派他做。军谘祭酒，军事顾问一类的官。

③ 京口：地名，今江苏镇江。

④ 纠合：集合。

⑤ 骁健：指勇猛健壮的人。

⑥ 怨叛：怨恨反叛。

⑦ 鱼肉：比喻残杀、残害。

⑧ 戎狄：我国古代称西北地区的少数民族。

⑨ 中土：指中原地区。

⑩ 遗民：指沦陷区的人民。

⑪ 郡国：指全国各地。

⑫ 望风响应：听见消息就起来响应。

⑬ 素：向来。

⑭ 豫州刺史：豫州长官。豫州，地名，在今河南东部及安徽西部一带。刺史，州的长官。

⑮ 廪：官府发的粮米，这里指军饷。

⑯ 铠仗：铠甲兵器。

⑰ 将：率领。

⑱ 部曲：汉朝军队建制，这里指军队。

⑲ 中流：江心，这里名词用作状语，"在江心"的意思。

⑳ 击楫：敲打船桨。

㉑ 济：渡。

㉒ 屯：军队驻扎。

㉓ 起冶铸兵：起炉炼铁，铸造兵器。

㉔ 进：进发。

等到（司马氏宗族）渡江的时候，左丞相司马睿让他担任军事顾问。祖逖住在京口，他集合了骁勇强健的壮士，对司马睿说："我们晋朝的变乱，不是因为君主无道而使臣下（或百姓）怨恨叛乱，而是皇室宗族之间争夺权力，自相残杀，就使得北方民族乘虚而入，祸害遍及中原。现在我朝沦陷区的人民已遭到残害，人人想着奋起反抗（奋起出兵），大王您如果确实能够任命将领，派出军队，任用像我祖逖这样的人统领军队来光复中原，各地的英雄豪杰一定会有听到消息就起来响应的！"司马睿向来没有北伐的志向，就任命祖逖为奋威将军、豫州刺史，仅仅拨给他千人的口粮、三千匹布，不供给铠甲兵器，让祖逖自己想办法招募士兵。祖逖带领自己私家的军队共一百多户人家渡过长江，在江心敲打着船桨发誓："如果我祖逖不能驱赶戎狄、肃清中原而再渡河回江南，就像大江一样有去无回！"于是（他将军队）驻扎在淮阴，起炉子冶炼浇铸兵器，又招募了两千多人，然后继续前进。

 窦神解读

1."晋室之乱"

"晋室之乱，非上无道而下怨叛也。"祖逖认为晋王朝的变乱并不是因为皇上无道，臣下怨恨，发动叛乱，而是由于皇室的宗族彼此争夺权力，自相残杀，使得北方民族乘虚而入，祸害中原。

2.关于"既"和"即"

"既"的甲骨文字形是一个跪坐的人吃完饭后背对餐桌的样子，具体来说，这个字表示面

微课扫一扫

前有一碗饭，一个人背对着那碗饭坐着，脑袋扭转一百八十度，表示已经吃完了。"既"最初的意义是吃完饭，后引申为动词"完成""结束"和副词"已经"。

"即"的古字形象是人靠近食器准备就餐，所以有"立即""马上"的意思。

既（甲骨文）　　　　　　即（甲骨文）

 拓展升华

祖逖不是一个传统意义上的正人君子，他有时用非常规的手段来壮大自己的军事力量。但局势安定后，他又能马上变成一个勤政、廉洁、智慧而又公平的地方官员。不得不承认，在当时的情形下，在道德层面也许有人比他更高尚，但在完成北伐的事情上，却没有人比他做得更好。

 必考必背

同寝，中夜闻鸡鸣，蹴琨觉，曰："此非恶声也！"因起舞。

真题演练

阅读《祖逖》，回答 1~3 题。（2016 年北京市某中学月考题）

1. 解释下列句中加点词语的意思。

（1）今遗民既遭残贼　　　　残贼：_____

（2）大王诚能命将出师　　　　诚：_____

2. 用现代汉语翻译下面的句子。

（1）自相鱼肉。

_____

（2）起冶铸兵。

_____

3. 结合文章内容，用自己的话说说祖逖为北伐做准备的经过。

_____

（答案见附录）

读孟尝君传

—— 孟尝君特鸡鸣狗盗之雄耳

 作品简介

名称：《读孟尝君传》

出处：《临川集》

年代：北宋

体裁：议论散文

 作者简介

作者：王安石，字介甫，号半山

生卒：1021—1086 年

籍贯：江西临川（今江西抚州）

成就：著名的政治家、改革家和文学家，"唐宋八大家"之一，开创了"王荆公体"

作品：《临川集》

王安石生平

　　王安石，字介甫，号半山，又号临川先生。王安石起初被封为舒国公，后来又被封为荆国公，所以后世称他为"王荆公"。王安石去世之后，谥号"文"，这是北宋文人能够获得的最高荣誉，所以后世又称他为"王文公"。所以，王介甫、王文公、王荆公、临川先生指的都是王安石。介甫是王安石的字，"介"是古代传说中凤凰站落之石，"甫"是对男子的美称，多用在字中，"安石"与"介甫"的联系就不言自明了。

1. 位列"唐宋八大家"

　　王安石是一位大名鼎鼎的文学家，是"唐宋八大家"之一。"唐宋八大家"又称"唐宋散文八大家"，是唐宋时期通过发起古文运动来改良文章、提倡"言之有物"的八位代表人物。明初朱右选韩、柳等人的文章编成《八先生文集》，于是起用"八家"之名。"唐宋八大家"中，唐代有两位，分别是韩愈、柳宗元；宋代有六位，包括"三苏"，即苏轼、苏洵、苏辙，再加上王安石、曾巩，以及这五人的老师欧阳修。

2. 牛都拉不回的"拗（niù）相公"

　　王安石在世的时候，因脾气执拗而出名。他有着十头牛也拉不回来的倔脾气，故而有个绰号叫作"拗相公"。王安石到群牧司任判官时，与司马光成了同事。司马光的脾气也很倔，他的绰号叫"司马牛"。当时统领群牧司工作的是北宋名臣包拯。

有一天，包拯难得高兴，就让两位"倔驴"陪他喝酒。包拯的脾气也特别硬，这下可好了，一个拗相公，一个司马牛，一个包青天，三头"牛"在那里较劲！结果司马牛拗不过上司包拯，就喝了一杯，而拗相公王安石是从头到尾一口不喝！他就执拗到这种程度！

3. 熙宁变法

熙宁二年（1069 年）二月，王安石任参知政事（相当于宰相）后主持了熙宁变法，也叫"王安石变法"。王安石被列宁誉为"中国十一世纪伟大的改革家"。王安石针对北宋以来积贫积弱的局面，提出了一系列行之有效的改革措施。在王安石变法之前，北宋的国库长期入不敷出，资金紧张时还会产生拖欠现象。可是在王安石变法之后，国库里的银子足够国家二十年之用。当然，王安石的变法也有一些负面影响。司马光上台之后，尽废王安石新法，王安石因此忧愤而死。

总体来说，王安石作为一个改革家，他的结局与商鞅相比已经很不错了。王安石晚年住在南京，死后被赐谥号为"文"，这对文人来说是很高的荣誉了！

时代背景

1. 富国之法

宋朝皇帝为了避免官员擅权，一个职位常常有好几个官员在职，这导致官僚机构臃（yōng）肿，而且官员的工资很高。北宋文官的工资是汉朝的十倍左右，是清朝的六倍左右，再加上禄米等各种补贴，给本来财政就很拮据的北宋朝廷带来了不小的经济负担。宋朝军费的开支也相当可怕，自唐末五代以后，兵员制度由征兵制改为募兵制。征兵制下，士兵们战时为兵，平时为民，平时就自给自足，募兵制则不是这样。募兵制下是国家出钱，招募职业军人。冗（rǒng）员、冗兵使得北宋的财政压力巨大。

王安石变法时采用了一系列富国之法，最著名的要数青苗法。农民在播种的时候，没有足够的钱买种子，只能耕种一定数量的土地，导致粮食产量上不去。有的农民迫不得已去找地主富商贷款，时常会遭到盘剥，深受其害。于是王安石提出，在每年二月、五月青黄不接时，由官府向农民贷款、贷粮，夏、秋粮食成熟后，农民再还本付息。这样不仅大大增加了政府收入，还限制了民间高利贷对农民的剥削。但是在具体执行的过程中，有不法官吏私自提高税率，中饱私囊，并且强制农民借贷，于是农民的负担依然沉重。

除了青苗法，为了解放生产力、加大农业劳动力的投入，王安石还出台了免役法。免役法将原来按户轮流服差役，改为由官府雇人承担，不愿服差役的民户可以按照贫富等级交纳一定数量的免役钱，官僚地主也不例外。这样不但增加了财政收入，还把农民从劳役中解放了出来，保证了劳动时间。但这种方法也有一定的局限性，如对那些没有能力服劳役的贫困户来说，免役钱也是一个不小的负担。

2. 强兵之法

宋朝的天下，是后周的将领赵匡胤在陈桥驿发动兵变取得的，所以宋朝建国后，皇室一直都不放心武将掌权，生怕有一天，宋太祖陈桥驿兵变、黄袍加身的故事会在本朝重演。包括后来南宋岳飞会被处死，也有部分原因是武将掌权，岳家军太厉害，功高震主而让皇室感到不安。因此，宋朝一直实行守内虚外的军事政策，不但让文官掌兵，还推行更戍法，掌兵的人被频繁地调来调去，使得兵不知将、将不知兵。这种方法虽然扼制了兵变的发生，却也使得北宋军队的战斗力大大削弱。唐朝军队的人数一共才五十多万，边塞就驻扎着四十多万人，却能威震东亚，令四方臣服，国土面积很大。而宋朝面积很小，却养兵一百多万人，比唐朝多一倍，战斗力却远远不如唐朝。据此，王安石实行了以下改革策略。

保甲法将乡村民户加以编制，十家为一保，民户家有两丁以上抽一丁为保丁，农闲时集中民户接受军事训练。

裁兵法规定士兵五十岁后必须退役。禁军不合格者编为厢军，厢军不合格者编为民籍。

将兵法（又叫置将法）废除北宋初年订立的更戍法，把各路驻军分为若干单位，每单位设置将与副将各一人，此二人专门负责本单位军队的训练，以提高军队人员的素质。

3.取士之法

宋朝是个重文轻武的朝代，王安石在进行经济和军事体制改革的同时，也非常重视人才的选拔。王安石改革了隋唐以来的科举制度，颁布了贡举法，废除了明经科，增加了法科。进士科的考试不再实行诗赋取士制度，而是以经义和策论为主。王安石觉得诗、赋写得好并不等同于有政治才干，所以他要求考生从《春秋三传》等书中解读经义、书写策论，以考查考生的政治才干。从王安石变法之后，科举考试一直都使用这个"套路"，就像现在的高考议论文一样，考查的是事理论证的逻辑。

文学背景

1.战国四公子之孟尝君

《读孟尝君传》中的孟尝君是指谁呢？他就是战国四公子之一的田文。战国四公子是指齐国的孟尝君田文、赵国的平原君赵胜、魏国的信陵君魏无忌和楚国的春申君黄歇。战国四公子里只有黄歇不是王族出身，其他三位都是王族后代。

（1）广纳门客

战国四公子都养着成百上千的门客，其中，孟尝君养门客更是散尽家财也在所不惜，他的门客多达三千人，门客们吃的食物与孟尝君自己吃的食物是一样的。有一天，孟尝君和门客们在一起吃饭，有个门客面前的光被挡住了，他看不清自己吃的是什么，于是觉得给他吃的食物肯定是不好的，非常生气。结果孟尝君马上就让人端着自己吃的饭，走过来跟这个门客对比，两人吃的饭居然一模一样。这个门客羞愧难当。孟尝君后来被污蔑谋逆作乱的时候，一个门客就跑到齐国的王宫门口自杀了，留了一封信说："我用我的死来证明孟尝君是清白的，希望能够再调查一番。"结果齐王一查，孟尝君果然是被诬陷的，于是重新任用孟尝君。可见孟尝君手下的这些门客中不乏有气节的人。孟尝君也非常善于笼络人心。孟尝君与他人聊天时，总会安排手下在屏风后面悄悄记下客人的家庭住址等信息，待宾客离开，就安排佣人到他家送礼。

（2）鸡鸣狗盗

秦昭王听说孟尝君贤能，想用他为相，又怕齐王不肯，就先派泾阳君到齐国作人质，请求孟尝君前往秦国。孟尝君准备去秦国，而门客都不赞成他出行，于是没有去成。到了齐湣（mǐn）王二十五年（公元前299年），孟尝君被派到秦国，秦昭王立即让孟尝君担任秦国宰相，后来又担心作为齐国宗室成员的孟尝君处处为齐国谋划，便罢免了孟尝君的宰相职务，还把他囚禁起来，准备杀掉。孟尝君见势不妙，派人向秦昭王的宠妾求救。宠妾希望能够得到孟尝君的白色狐裘（qiú）作为酬谢。孟尝君来秦国的时候，确实带了一件白色狐裘大衣，价值千金，天下仅此一件，可是到秦国后已经献给秦昭王了，再也没有别的皮裘了。这时，一位能力虽差但会披狗皮偷东西的人说："我能拿到那件白色狐裘。"于是他当夜就化装成狗，钻进秦宫中的仓库，取出献给秦昭王的那件白色的狐裘，拿回来献给了秦昭王的宠妾。宠妾得到后，便替孟尝君向秦昭王说情，秦昭王就释放了孟尝君。孟尝君获释后，立即乘车逃离，更换了"出境证件"，改换姓名逃出城外。

夜半时分，秦昭王后悔释放了孟尝君，就立即派人去追捕他。此时孟尝君一行已经到了函谷关，按照规定天亮时才能放来往的客人出关。孟尝君害怕追兵赶到，万分焦急。门客中有个人会学鸡叫，他一学鸡叫，附近的鸡就跟着一起叫了起来，于是守城的士兵打开了城门。孟尝君就这样逃出了函谷关，回到了齐国。

2. 合纵抗秦

战国四公子都非常厉害，其中孟尝君和信陵君二人都指挥过反秦的战争。历时两百多年的战国时期，一共发生了五次大规模的合纵抗秦战争。这五次战争中，第二次由孟尝君领导，第四次由信陵君领导。

第一次合纵抗秦发生在公元前 318 年，被张仪逼出秦国的公孙衍（yǎn）为了报复张仪，积极奔走于各个诸侯国，细数强秦的暴戾（lì）和威胁，首次提出了合纵抗秦的理念。在公孙衍的积极奔走下，魏、楚、赵、韩、燕五国结成军事同盟，由楚国作为纵约长。楚国当时的国君是楚怀王，就是屈原所事的君主。这次抗秦的结果是联军一直打到秦国最易守难攻的地方——函谷关。在函谷关前，联军被秦军斩杀八万两千多人，楚怀王闻风而退，第一次合纵抗秦宣告失败。

第二次合纵抗秦发生在公元前298年，这次是由孟尝君主持的，孟尝君联合齐、韩、魏三国向秦国发动进攻。自秦国建国以来，函谷关就从未被攻破过，这一次，齐将匡章率领联军攻破秦国的函谷关，迫使秦国割地求和，孟尝君这才作罢，联军取得了一次重大胜利。

第三次合纵抗秦是齐、赵、魏、韩、燕五国在公元前287年发动的，这次的纵约长是苏秦。当时秦国已经不满足于称王了，秦昭王想要称帝，他打算自己称西帝，尊齐国为东帝。苏秦劝齐王不要称帝，因为齐国与秦国一东一西，形成强大的夹击模式，两国中间的国家肯定不会善罢甘休，可能适得其反，成为被中间国家敌对的对象；而且被中间国家孤立后，齐国既要消耗战力，又要面对强秦的虎视眈眈，得不偿失。还不如暂时放弃帝号，联合中间的这些国家，免得引起各国的忌惮，还可以趁机吞并宋国。齐王觉得这个办法好，于是齐、赵、魏、韩、燕结盟，五国联军由苏秦指挥。结果还没有开战，秦王对缔约国许以好处，五国联盟就破裂了。这次抗秦也算是成功了，毕竟五国都获得了一些好处。

　　第四次合纵攻秦是赵、魏、韩、楚、齐五国的联盟，在公元前247年由魏国的信陵君做联军统帅，五国联军一路打到函谷关才散去，这一次也胜利了。

　　第五次合纵攻秦是在公元前241年由赵国大将庞煖（nuǎn）指挥的，赵、魏、韩、燕、楚五国参战。这一次，联军攻破函谷关，一直追击到临潼，距离咸阳只有七八十里了。眼看咸阳就要被攻下来。结果秦军迅速集合开始反击，楚国的春申君得知秦国要先拿自己开刀，拔腿就跑；庞煖率军力战，最终还是败下阵来。这次抗秦失败使得各国再也没有能力组织对秦国的有效进攻，而秦国在终结这次战役时采纳了李斯的建议——速战速决，让列国没有喘息的机会，也没有合纵的时间。于是，秦国开始迅速发动反攻，这些国家很快就支撑不住，连强盛的齐国也被秦军打败。

写作背景

　　孟尝君广纳门客，爱惜人才，自身也有极高的军事才能，是指挥联军攻入函谷关的第一人。但是孟尝君也是个很凶悍、残忍的人，再加上"鸡鸣狗盗"事件，所以后世很多学者认为孟尝君手下也有一些不太算得上是"士"的门客，对孟尝君的评价也就低了。

微课扫一扫

　　例如，王安石对孟尝君的评价就很低，他认为孟尝君的手下不过是一些鸡鸣狗盗之徒。《读孟尝君传》这篇短小的文章，看上去只是简单的读后感，其实是王安石在表达自己的人才观，他借《读孟尝君传》谈改革变法，谈国家需要什么样的人才。

 **文本解析**

读孟尝君传

北宋·王安石

扫码听音频

世①皆称②孟尝君能得士③，士以故归④之，而卒⑤赖⑥其力以脱于⑦虎豹之秦⑧。嗟乎⑨！孟尝君特⑩鸡鸣狗盗之雄⑪耳⑫，岂⑬足以言得士？

① 世：世人。

② 称：称颂，赞扬。

③ 士：士人，有品德、有学识之人。

④ 归：归附，投奔。

⑤ 卒：最终。

⑥ 赖：依靠。

⑦ 于：从。

⑧ 虎豹之秦：像虎豹一样（凶残）的秦国。

⑨ 嗟乎：感叹词，相当于"唉"。

⑩ 特：只，仅仅

⑪ 雄：首领。

⑫ 耳：罢了。

⑬ 岂：表示反问，"哪里"。

世人都称赞孟尝君能够赢得贤士，贤士因为这个缘故归顺他，（孟尝君）最终依靠他们的力量，从像虎豹一样（凶残）的秦国逃脱出来。唉！孟尝君只不过是一群鸡鸣狗盗之人的首领罢了，哪里能说得到了贤士？

不然，擅^①齐之强，得一士焉，宜^②可以南面^③而制^④秦，尚^⑤何取鸡鸣狗盗之力哉？夫鸡鸣狗盗之出其门，此士之所以^⑥不至也。

① 擅：拥有。

② 宜：应当。

③ 南面：南面称王。古代君臣相见，帝王坐北面南。

④ 制：制服。

⑤ 尚：还。

⑥ 所以：……的原因。

如果不是这样，（孟尝君）拥有齐国强大的国力，（只要）得到一个（真正的）贤士，（齐国）就应当可以依靠国力在南面称王而制服秦国，还需要借助鸡鸣狗盗之徒的力量吗？鸡鸣狗盗之徒出现在他的门下，这就是（真正的）贤士不到他门下的原因。

 窦神解读

1. 关于"特"

"特"的本义是指没有阉割过的公牛。在古代，父母如果给孩子取名为"特"，多半是希望孩子像公牛一样强壮。"孟尝

君特鸡鸣狗盗之雄耳"中的"特"不是公牛的意思，而是"只，仅仅"的意思。这句话不是说"孟尝君这头公牛是鸡鸣狗盗的英雄"，而是"孟尝君只不过是一些不入流的小人物的首领罢了"。

2. 关于南面称王

中国位于北半球，南面是阳面。所以中国的建筑大多坐北朝南，如故宫。古人以南面为尊，群臣觐见，皇帝一定是面南而坐。"南面称王"出自《文选·孙楚〈为石仲容与孙皓书〉》："信能右折燕齐，左振扶桑，凌轹（lì）沙漠，南面称王。"

3. 王安石的立论角度

王安石最看不起的是那些为自己谋私利而又没有大胸怀、大眼界、大本事的人，因此他写了这篇《读孟尝君传》，就是说那种鸡鸣狗盗的人才是不值一提的，他们不能够称为国士，国家不应该任用这种人。他是站在一个改革家、政治家的角度，站在国家的角度上考虑的；可是孟尝君是为自己考虑的，因为他生活在战国后期这样的乱世之中，鸡鸣狗盗之人的确救了他的命，所以两个人的利益出发点不太一样，看待问题的角度当然就不一样了。所以，王安石的这篇文章虽然逻辑严谨、论证有力，却并不能否认孟尝君的门客在当时那个混乱的社会中对孟尝君产生的积极作用。

4. 王安石的论证逻辑

王安石在文章的开头就亮出了传统观念："孟尝君善于笼络人才。"紧接着他提出了自己的观点："孟尝君笼络的不过是一帮鸡鸣狗盗之徒。"然后他从反面论证，说齐国那么强大，一且得到一个真正的人才就可以制服秦国，而孟尝君有门客三千，长期主政，却不能使齐国称霸天下，反而被秦国灭掉，可见孟尝君的门客不过是鸡鸣狗盗之徒罢了，正因如此，真正有贤能的"士"才不愿意为他效力。这样，一篇不到百字的文章，层层深入，言语十分犀利。

拓展升华

王安石主张变法，是新党领袖；司马光反对变法，是旧党领袖。这两个人政见不合，吵架吵了一辈子，但在对孟尝君的看法上，二人却不谋而合。王安石评价孟尝君只不过是"鸡鸣狗盗之雄"，不能说得到了贤士；司马光评价孟尝君是"奸人之雄"，不值得效仿。看来"死对头"也是有共鸣的。

必考必背

夫鸡鸣狗盗之出其门，此士之所以不至也。

真题演练

阅读下列文章，完成 1 ~ 2 题。（2018 年北京市某中学月考题）

读孟尝君传

世皆称孟尝君能得士，士以故归之，而卒赖其力以脱于虎豹之秦。嗟乎！孟尝君特鸡鸣狗盗之雄耳，岂足以言得士？不然，擅齐之强，得一士焉，宜可以南面而制秦，尚何取鸡鸣狗盗之力哉？夫鸡鸣狗盗之出其门，此士之所以不至也。

1. 翻译下列句子中加点词的含义。

  （1）夫鸡鸣狗盗之出其门，此士之所以至也。

  出：_____　　所以：_____　　至：_____

  （2）而卒赖其力以脱于虎豹之秦。

  卒：_____　　虎豹：_____

2. 用现代汉语翻译下列句子。

  （1）世皆称孟尝君能得士，士以故归之，而卒赖其力以脱于虎豹之秦。

  _____

  （2）孟尝君特鸡鸣狗盗之雄耳，岂足以言得士？

  _____

（答案见附录）

伤仲永

——天不可恃，恃学耳

 作品简介

名称：《伤仲永》

出处：《临川集》

年代： 北宋

体裁： 散文

泯然众人矣。

 作者简介

作者： 王安石

生卒： 1021—1086 年

籍贯： 江西临川（今江西抚州）

成就： 著名的政治家、改革家和文学家，"唐宋八大家"之一，开创了"王荆公体"

作品：《临川集》

 **背景介绍**

王安石生平

1. 科场风云

王安石参加科举考试的时候，文章写得气势磅礴，全场考生无出其右，因此被毫无争议地列为第一。宰相晏殊把考卷呈给宋仁宗，本来这个流程只是走个过场，皇帝看过后即可及时放榜，布告天下，结果眼光犀利的宋仁宗看到"准状元"王安石的文章中有一句"孺子其朋"，他非常生气，批道："此语忌，不可魁天下！"这句批语的意思是王安石在文章中的那句话犯忌，不能让他当状元。为什么呢？"孺子其朋"出自《尚书·周书·洛诰》，原文是"孺子其朋、孺子其朋，其往。"这是周公教训侄子周成王的话，意思是"你这个孩子啊，今后和群臣要像朋友一样和睦相处才对啊！"宋仁宗当时已经三十多岁了，他十二岁当皇帝的时候，王安石出生不到半年。王安石引用周公教训晚辈周成王的这句话，难免让宋仁宗不高兴。于是王安石的状元之位就被撤换了。那谁来做状元呢？榜眼王珪、探花韩绛都是在职官员报考科举，按照规定不能当状元，为此只好将王安石与第四名杨寘（zhì）对调，杨寘因此捡了个大便宜，得以连中三元（解元、会元、状元）。对王安石憾失状元之事，主考官晏殊再清楚不过了。惜才的晏殊趁着新科进士前来拜访的机会，特意邀请王安石宴饮。席间，晏殊对王安石说："后生可畏，他日你们的成就定在晏某人之上！"随后他话锋一转，说："老夫有一言奉送，他日当政，当知得饶人处且饶人，与人方便、自己方便！"王安石后来果然当了宰相，他在主持变法的时候一心为公，触动了不少王公贵族的利益，终致变法失败。而性格刚正不阿的王安石听说欧阳修主政后尽废新法，最终愤懑而死。

2.看淡名利

王安石对自己憾失状元之位之事，终其一生也未向人提及，因为他根本就不把功名利禄放在心上。当时有个官员叫钱公辅，他的母亲去世了，想请王安石写个墓志铭，可是钱公辅看了王安石写的墓志铭之后，感到很不满意。钱公辅参加科举时，获得了第二名"榜眼"的优异成绩，后来又当了通判，相当于现在的副市长。可王安石对钱母儿子钱公辅的功名官位只字不提，钱公辅想让王安石把自己的成就加进去，王安石却说："就算像天子那样尊贵，拥有天下所有的财富，如果不能践行道义，也会让父母蒙羞，何况你只是中了一个甲科，当了一个通判。"（"贵为天子，富有天下，苟不能行道，适足以为父母之羞，况一甲科通判。"——王安石《答钱公辅学士书》）

王安石从不以官位高低评判人。他曾经写过一篇《通州海门兴利记》，称赞江苏海门县县令沈起的为政之道，说沈起修建防潮大堤，疏通河道，灌溉农田，减少赋税，让老百姓得了实惠。王安石并不因为沈起只是一个小小的地方官而吝啬赞扬他的笔墨，在他的心中，只要是为百姓谋福利的官员，不论官职大小都是可歌可敬的。

3. 一心为民

中国古代的读书人都想到京城去当官，可王安石是个例外，他就不愿意做京官，只希望在地方给百姓办点实事。宋朝有个不成文的规定，凡是中了甲科的进士，只要到地方做官任期满一届，就可以给朝廷交一份报告，经过审核即可参加内部考试，通过之后就可以在馆阁就职。宋朝所谓的馆阁有这么几个机构：弘文馆、集贤殿、秘书省、史馆。在馆阁里任职的官员，虽然做的只是整理国家典籍、修撰国家历史的工作，但很有可能被选入"两制"，就是做翰林学士和中书舍人，专门负责起草诏书。"两制"工作做上一段时间就可能被选入"两府"，也就是担任宰相和枢密使。飞速晋升在宋朝不是神话，同为"唐宋八大家"中的柳宗元、欧阳修都是馆阁出身，柳宗元做集贤殿正字没多久，就进入了礼部，相当于在现在的文化部。欧阳修也曾经在馆阁里做过校勘工作，后来当了参知政事，也就是副宰相。

王安石在二十五岁就得到了这样一个飞速晋升的机会，但他不要，而是请求去了地方。《宋史·王安石传》记载："安石独否。再调知鄞（yín）县。"

4. 俭以养德

在王安石做宰相的时候，儿媳妇家的亲戚萧公子到了京城，想拜访王安石。第二天，萧公子穿着华丽的衣服登门拜访，他觉得宰相请他吃饭，排场肯定不小。结果到了中午，萧公子都快饿晕了，过了很久，王安石才下令入座，菜肴也

微课扫一扫

没准备。喝了几杯酒，只上了两块胡饼，随后又上了四份切成块的肉，旁边摆了一些菜汤。萧公子目瞪口呆，别说是一个宰相请客，他自己平时吃的都比这个丰盛。于是他就把胡饼中间

萧公子　　　　　　　　　　　　　王安石

带馅儿的一小部分吃了，四边都留下。没想到王安石自己把剩下的饼吃了，萧公子羞愧难当，悻（xìng）悻离去。

可见，王安石真是节省到了极点，甚至都让人觉得有点抠门了。但王安石还真不是一个抠门之人，相反，他很慷慨。王安石升职为知制诰（gào）后，他的妻子吴夫人给他买了一个小妾，王安石见到她后大吃一惊，赶紧问："你是谁？"那女子说："我的丈夫本来是军中的官员，运米时船沉了，家中的资产都赔上还不够，只好把我卖了来偿还。"王安石伤感地说："夫人花了多少钱买的你？"女子说："九十万钱。"王安石叫来了她的丈夫，不但没有要回这九十万钱，还帮他们还了债款，让那对夫妇得以破镜重圆。北宋文官的工资很高，妻妾成群的官员十分常见，而王安石一生都没有纳妾。

 **文本解析**

伤[1] 仲永

宋·王安石

扫码听音频

金溪[2]民方仲永，世隶[3]耕。仲永生五年，未尝[4]识[5]书具[6]，忽啼求之。父异[7]焉，借旁近[8]与[9]之，即书诗四句，并自为其名。其诗以养[10]父母、收族[11]为意，传一乡秀才观之。自是[12]指[13]物作诗立就[14]，其文理[15]皆有可观者。邑人[16]奇[17]之，稍稍[18]宾客[19]其父，或[20]以钱币乞[21]之。父利其然[22]也，日[23]扳（pān）[24]仲永环谒（yè）[25]于邑人，不使学。

① 伤：哀伤，叹息。

② 金溪：地名，在今江西金溪。

③ 隶：属于。

④ 尝：曾经。

⑤ 识：认识。

⑥ 书具：书写工具（笔、墨、纸、砚）。

⑦ 异：对……感到诧异。

⑧ 旁近：附近，这里指邻居。

⑨ 与：给。

⑩ 养：奉养，赡养。

⑪ 收族：团结宗族。收，聚，团结。

⑫ 自是：从此。

⑬ 指：指定。

⑭ 就：完成。

⑮ 文理：文采道理。

⑯ 邑人：同（乡）县的人。

⑰ 奇：对……感到惊奇（奇怪）。

⑱ 稍稍：渐渐。

⑲ 宾客：这里是以宾客之礼相待的意思。

⑳ 或：有人。

㉑ 乞：求取。

㉒ 利其然：认为这样是有利可图的。

㉓ 日：每天。

㉔ 扳：同"攀"，牵，引。

㉕环谒：四处拜访。

金溪有个叫方仲永的百姓，家中世代以耕田为业。方仲永长到五岁时，不曾认识书写工具（笔墨纸砚）。忽然有一天，方仲永哭着索要这些东西。他的父亲对此感到诧异，就从邻居那里把那些东西借来给他。方仲永立刻写下了四句诗，并自己题上自己的名字。这首诗以赡养父母和团结族人为主旨，后来传遍了全乡，乡里的秀才都来欣赏这首诗。从此，（如果有人）指定事物让方仲永作诗，他立刻就能完成，并且诗的文采和道理都有值得欣赏的地方。同县的人们对此都感到非常惊奇，渐渐地都以宾客之礼对待他的父亲，有的人用钱币（金银）求取方仲永的诗。方仲永的父亲认为这样有利可图，就每天领着方仲永四处拜访同县的人，不让他学习。

余闻之也久。明道①中，从②先人③还家，于舅家见之，十二三矣。令作诗，不能称（chèn）④前时之闻⑤。又七年，还自扬州，复⑥到舅家问焉。曰："泯然众人矣⑦。"

① 明道：宋仁宗赵祯年号（1032—1033年）。

② 从：跟随。

③ 先人：指王安石死去的父亲。

④ 称：相称，配得上。

⑤ 前时之闻：以前的名声。

⑥ 复：又，再。

⑦ 泯然众人矣：完全如同常人了。泯然，消失，指原有的

特点完全消失了。众人，常人。

我听说这件事很久了。明道年间，我跟随先父回到家乡，在舅舅家见到方仲永，他已经十二三岁了。我要求他作诗，他写出来的诗已经不能与从前的名声相称了。又过了七年，我从扬州回来，又到舅舅家去，问起方仲永的情况，（舅舅）回答说："他的才能消失了，和普通人没有什么区别了。"

王子①曰：仲永之通悟②，受③之天也。其受之天也，贤④于⑤材⑥人远矣。卒⑦之为众人，则其受于人者不至⑧也。彼其⑨受之天也，如此其贤也，不受之人，且为众人；今夫不受之天，固众人，又不受之人，得为众人而已⑩耶（yé）⑪？

① 王子：王安石的自称。

② 通悟：通达聪慧。

③ 受：接受。

④ 贤：胜过，超过。

⑤ 于：比。

⑥ 材：同"才"，才能。

⑦ 卒：最终。

⑧ 不至：没有达到要求。至，达到。

⑨ 彼其：他。

⑩ 已：停止。

⑪ 耶：表示反问，相当于"吗""呢"。

王安石（我王某人）说：方仲永的通达聪慧，是从上天那儿得到的。他的天赋，比一般有才能的人要多得多。但最终成为一个平凡的人，是因为他后天所受的教育没有达到要求。他从上天那儿得到的才能是那样好，没有受到正常的后天教育，尚且会成为平凡的人；那么，现在那些没有从上天那儿得到才能的人，本来就是平凡的人，又不接受后天的教育，难道成为普通人就行了吗？

1. 方仲永

王安石笔下的方仲永真的存在吗？史书上很难找到关于方仲永的确切记载。据说，方仲永是王安石舅舅的同乡。北宋天圣三年（1025年），方仲永无师自通，居然提笔就能写诗，"指物作诗立就"，而且写得还相当不错。人们为了一睹"神童"的风采，纷纷邀请方仲永的父亲来家里做客，还很愿意花钱请"神童"题诗写字。北宋明道二年（1033年），王安石跟随父亲回金溪探亲，在舅舅家见到了方仲永。王安石也是"神童"级的人物，《宋史》说他"少好读书，一过目终生不忘"。他请方仲永作了几首诗，觉得有些名过其实（"不能称前时之闻"）。北宋康定元年（1040年），王安石再次回金溪探亲，此时的方仲永已与普通人无异了。

2. 关于秀才

秀才在南北朝的时候很受重视，唐朝初年，科举考试科目繁多，秀才是其中一科，科第最高。唐高宗永徽二年（651年），朝廷取消了秀才科。后来几次恢复这一科，但都很快中止了。到了宋朝，只要是经过各地府试的人，无论是否及第，都可以称为秀才，秀才的地位此时已经降得极低了，《水浒传》中称"白衣秀士"王伦为"不第秀才"就含有轻蔑的意味。明清时代，秀才专指府学、州（直隶州）学、县学的生员，要取得这种资格，必须在学道（或称童子试）中被取录。应童子试的人不论年龄大小都统称童生，即使是头发花白的老人来参加考试也称作童生。孔乙己多次应童子试，但均未考上，人已老了，还是童生，或称老童生。县、府、院三试都录取了，进入府学、州学或县学的，就叫作生员，也就是秀才。明清的秀才有一定的特权，如可以不交人头税，见到县太爷可以不用下跪，只需要行作揖礼；秀才的妻子还可以常年穿红裙子，而普通老百姓的妻子就不行。

3. "文理"

方仲永的第一首诗"其文理皆有可观者"，"文理"是什么意思？宋朝的诗特别讲究理趣，不像唐诗那样绚烂飘逸、不拘一格。例如，王安石的"不畏浮云遮望眼，自缘身在最高层"和苏轼的"不识庐山真面目，只缘身在此山中"，这两首诗均蕴含着登高望远、当局者迷的道理。王安石本人很推崇这种诗风，他的诗非常重视炼意和修辞，用字精当，用典恰切，这就是所谓的"文"。王安石在诗文的立意上很重视文理通畅，重理趣、偏议论，这就是所谓的"理"。整体来看，他的诗作生硬奇崛，被称为"王荆公体"。宋诗中最富理趣的几首代表作品，大多出自理学形成之前哲学思想就已经自成体系的王安石、苏轼及其追随者黄庭坚、陈师道等人之手。所以，王安石也可以说是江西诗派乃至宋诗的先驱人物。

 拓展升华

方仲永的故事无不让读者因其才华被埋没而扼腕叹息！方仲永有这么高的天赋，如果能跟随老师学习进步，说不定能成为当朝宰相晏殊那样的人物。那么，你觉得是天赋重要，还是后天的努力更重要呢？

 必考必背

1. 泯然众人矣。

2. 今夫不受之天，固众人，又不受之人，得为众人而已耶？

 真题演练

阅读下文，完成第 1 ~ 3 题。（2019 年上海市中考题）

金溪民方仲永，世隶耕。仲永生五年，未尝识书具，忽啼求之。父异焉，借旁近与之，即书诗四句，并自为其名。其诗以养父母、收族为意，传一乡秀才观之。自是指物作诗立就，其文理皆有可观者。邑人奇之，稍稍宾客其父，或以钱币乞之。父利其然也，日扳仲永环谒于邑人，不使学。

余闻之也久。明道中，从先人还家，于舅家见之，十二三矣。令作诗，不能称前时之闻。又七年，还自扬州，复到舅家问焉。曰："泯然众人矣。"

1. 本文作者是＿＿＿＿＿＿＿＿（人名）。

2. 用现代汉语翻译下面的句子。

   稍稍宾客其父

   ＿＿＿＿＿＿＿＿＿＿＿＿＿＿＿＿＿＿＿＿＿＿＿

3. 本文记叙了仲永从五岁就能作诗到最终"＿＿＿＿＿＿＿＿＿"（用原文回答）的变化过程，表达了作者＿＿＿＿＿＿＿＿的情感。

（答案见附录）

记承天寺夜游

——失眠患者的最后一丝倔强

📗 作品简介

篇名：《记承天寺夜游》

出处：《苏轼文集》

年代：北宋

体裁：写景叙事散文

📘 作者简介

作者：苏轼，字子瞻，又字和仲，号铁冠道人、东坡居士，世称苏东坡、苏仙

生卒：1037—1101年

籍贯：眉州眉山（今属四川）

成就：北宋著名文学家、书法家、画家，"唐宋八大家"之一，豪放派的主要代表作家，"千古第一文人"

作品：《东坡七集》《东坡乐府》

 背景介绍

❀❀ 苏轼生平 ❀❀

1. "三苏"

苏轼在 1037 年出生于四川的一个知识分子家庭。苏轼的祖先苏味道是唐代著名的政治家、文学家，九岁能文，后来位居丞相。有这样优秀的基因，再加上其父苏洵十分重视对苏轼和苏辙的教育，难怪苏门一家三学士，从父亲到儿子，父子三人个个才华横溢，一下子占了"唐宋八大家"中的三席，合称"三苏"。

2. 千古第一文人

苏轼的文学天赋极高，诗词书画文样样令人称道，因此他被称为"千古第一文人"。在诗方面，苏轼与"苏门四学士"之一的黄庭坚齐名，并称为"苏黄"；在词方面，他与南宋的辛弃疾齐名，并称为"苏辛"；在书法方面，苏轼与黄庭坚、米芾、蔡襄齐名，并称为"苏黄米蔡"；在绘画方面，他非常擅长画墨竹、怪石、枯木，就算只是画一段木桩，也非常人所能及；在文章方面，苏轼与同在"唐宋八大家"之列的老师欧阳修齐名，并称"欧苏"。苏轼被称为"千古第一文人"，真是当之无愧。

3. 仕途坎坷

苏轼一生颠沛流离，仕途起伏，就好像坐过山车一般，主要原因是他在政治上很较真，不会左右逢源。苏轼虽然率真，情商很高，知道怎么拍马屁，但他不屑于拍马屁，所以在新党当政的时候差点掉了脑袋，在旧党当政的时候又同时被新旧两

苏轼

个党派排挤，最后只好自己申请外调。苏轼颠沛流离的生活就此开始，官越做越小，离政治中心越来越远。

元丰二年（1079 年），四十二岁的苏轼被新党抓住了小辫子，御史从他的诗中找出一些句子，强行给他加上罪名，如根据"东海若知明主意，应取斥卤变桑田"诬蔑苏轼反对水利法；根据"岂是闻韶解忘味，迩来三月食无盐"说他攻击盐业法；甚至连描写桧树的"根到九泉无曲处，世间惟有蛰龙知"也被御史抓住"蛰龙"这个词，弹劾他对皇帝不敬。苏轼因此被抓进御史台，险些送命。在狱中，每天晚上都会有一个伶牙俐齿的官员来辱骂苏轼，让他寝不安枕。他每天担惊受怕，随时可能掉脑袋不说，还要遭受精神上的折磨，真是十分悲惨。这就是苏轼人生中最大的灾难——"乌台诗案"。

在王安石等人的救援下，苏轼在狱中经受了一百零三天的折磨后，终于获得了自由。出狱后迎接苏轼的，是一轮又一轮的贬谪。他先是被贬为黄州团练副使，既没地位，也没实权。

这个过山车怎么只往下开，不往上开啊！

苏轼

一代才子屈居黄州，心里的郁闷不言而喻。

他后来又从黄州贬至汝州。元丰七年（1084 年），苏轼离开黄州，赴汝州就任。在长途跋涉中，他的路费用完了，小儿子也在半路夭折。苏轼悲痛欲绝，上书请求暂且不去汝州，而在常州居住。在常州期间，宋神宗驾崩，宋哲宗即位，以司马光为首的旧党重新登上政治舞台，苏轼也重新被启用为起居舍人。苏轼本以为这下自己的才华能得以施展，谁知他看到得势的旧党人拼命打压新党人，觉得旧党人同样心胸狭窄，于是上书向皇帝提意见。这下苏轼把旧党也给得罪了，他因此在新党和旧党的博弈中非常尴尬，受到各种小人的弹劾攻击，只能再次请求外调。

苏轼知杭州，修苏堤，疏浚西湖，把西湖变成风景秀美的人间天堂；后被贬至惠州（今广东），再被贬至儋（dān）州（今海南），越贬越远，但苏轼依旧旷达乐观。"问汝平生功业，黄州惠州儋州"，苏轼的乐观心境是古代人中罕见的。

时代背景

1. "乌台"

"乌台"指的是御史台，因为汉代御史台外的柏树上有很多乌鸦。中国古代最早认为乌鸦是神鸟，但后来人们普遍认为乌鸦是不吉利的鸟。如果被抓进御史台，那么这人可能不能活着出来了，旁边又有乌鸦在叫，所以人们觉得特别不吉利。

2. 张怀民简介

张怀民名叫梦得，字怀民，是苏轼的好朋友，在元丰六年（1083 年）被贬官。张怀民刚到黄州的时候住在承天寺，他在黄州的时候还修了一个亭子，后来苏轼给这个亭子取名为"快哉亭"，"快哉"的意思是"好痛快呀"！

写作背景

《记承天寺夜游》这篇文章写于元丰六年。"元丰"是宋神宗赵顼（xū）的年号，宋神宗在位八年间一直使用的是"元丰"这个年号。1083 年苏轼写这篇文章的时候是多少岁呢？这时苏轼已经四十六岁了。写完这篇文章又过了两年，也就是元丰八年（1085 年），苏轼的命运出现了转机——宋神宗去世，新党倒台，旧党执政。在旧党开始执政后的第四个月，苏轼被调回京城当京官，半个月以后，由起居舍人升任中书舍人，过了三个半月又高升，政治前途一片大好。可是这个时候，苏轼觉得旧党打压异己不输新党，又开始苦闷，最后得罪了旧党同僚，被调离、放逐、贬官。

 文本解析

记承天寺夜游

北宋·苏轼

扫码听音频

元丰六年十月十二日夜，解衣欲睡，月色入户①，欣然②起行。念③无与为乐者④，遂至承天寺寻张怀民。怀民亦未寝⑤，相与⑥步于中庭⑦。

① 户：房门。

② 欣然：高兴、愉快的样子。

③ 念：考虑，想到。

④ 者：……的人。

⑤ 寝：睡觉。

⑥ 相与：共同，一起。

⑦ 中庭：院子里。

元丰六年十月十二日晚上，我解开衣袍，正打算入睡，这时（迷人的）月光从堂屋的门照了进来，（勾起了我的兴致，）我高兴地起身出行。想到没有能与我共同游乐的人，就到承天寺去找（我的好友）张怀民。张怀民也还没有入睡，我们两个人就一起在庭院里散步。

庭下如积水空明^①，水中藻、荇（xíng）^②交横^③，盖^④竹柏影也。何夜无月？何处无竹柏？但^⑤少闲人如吾两人者耳。

① 空明：形容水的澄澈。

② 藻、荇：均为水生植物。

③ 交横：交错纵横。

④ 盖：大概是。

⑤ 但：只是。

庭院中的地面上，月光仿佛如积水一般澄澈，这水中有水草和荇菜纵横交错，这大概是竹子和柏树的影子吧。哪一夜没有月亮？哪一个地方没有竹子和柏树呢？只是缺少像我们两个这样有闲情雅致的人罢了。

窦神解读

1.“解衣欲睡”

以前汉人的衣服是“Y”形的领，一片衣襟压着另一片，再用腰带把衣服系起来，所以要脱这件衣服，不像现代人需要解扣子或者拉开拉链，古人只需要一拽腰带，就可以把整件衣服脱下来，这叫“解”。古时候，一旦要表态的，人们特别喜欢用两个连贯的动作来表示自己的情绪，如“偏袒扼腕”，“偏袒”和“扼腕”两个动作一起表现，就是把一边的上衣脱下，露出一边的臂膀，然后用另一只手握着这只手的手腕，古时候人们一激动就常会“偏袒扼腕”。

2.关于“户”

户是堂屋的大门。堂屋是北边的房间，因为它坐北朝南，采光最好，一般会修得高一点，因此又叫"高堂"，即"高堂明镜悲白发"中的"高堂"。高堂的正门，叫作"户"。苏轼毕竟是苏家的一家之主，所以他住在堂屋，因此能看到月光洒进来。月色入户，就是说月光透过堂屋的大门洒到了他睡觉的房间里。

3. 为什么用"寻"而不是"访"

按理说苏轼去找张怀民应该用"访"字，为什么这里用了"寻"字呢？有两个原因。第一个原因是苏轼和张怀民的关系很亲密，苏轼想找个人陪他游乐，直接找张怀民就可以了，苏轼知道张怀民不会拒绝他。第二个原因是苏轼找张怀民的目的不是去张怀民家做客，而是和他一起出去赏景。所以这里用"寻"，而不用"访"。苏轼用字用得特别好，他用的字大多很平淡，但是特别精准，这是他文章的一个特色。他的文章看起来很平淡，却总能于平淡之中见境界、见水准。所以，这一篇看似平平无奇的文章，却被许多人称为千古写月色的第一美文。

4. 关于"美"

人在需求被满足的过程中所产生的愉悦感不是美，美是人们对这种愉悦感的感受。所以，美可以"储存"，你想起童年，觉得童年很美；想起往事，觉得往事很美。苏轼能包容儒、释、道三家的学说，说明他对美的理解已经上升到非常

微课扫一扫

高的境界，因为他能理解不同人眼中的不同的美。苏轼爱这个世界，爱这个宇宙，他到达了比接受万物更高的境界，他抛开了自我，与世界融为一体。那些在禅寺里面天天敲着木鱼的和

尚，他们并没有在表演；那些不需要远离城市喧嚣也能保持心境平和的人也并不是虚伪，而是因为他们觉得那就是自己。苏轼也一点都不虚伪，他已经达到了这样的人生境界，所以虽然历经坎坷，壮志难酬，被贬官，还被贬得越来越远，但是他依然非常快乐。

读者可以从这篇文章中读到的，绝对不是简简单单的快乐，也不是简简单单的"哼，我被贬官弄得好郁闷，走，张怀民，陪我散心去"。读者能读到的，是苏轼复杂的人格，是苏轼错综复杂的情感，有快乐，有不甘，有挣扎，有抱怨，但最终是平静，让一切顺其自然。

5. 关于"行"字

"行"这个字最初的意思是"道路"，它最初的字形就像道路交汇的十字路口，代表四通八达的道路。后来从"道路"引申出"行走"的意思，又进一步引申出"出行"的意思。在"月色入户，欣然起行"中，"行"就是"出行"的意思。

| 甲骨文 | 金文 | 小篆 | 楷体 |

 拓展升华

人生得一知己足矣。在幽暗的日子里，有明净的月光，又有张怀民这样同病相怜又志趣相投的友人做伴，再苦的日子，苏轼也能付之一笑。"人生如梦，一樽还酹江月"，就这样沉醉在这迷人的月光里吧！

 必考必背

1. 庭下如积水空明，水中藻荇交横，盖竹柏影也。

2. 何夜无月？何处无竹柏？但少闲人如吾两人者耳。

 **真题演练**

阅读下面的文言文，完成1～3题。（2020年云南省中考题）

【甲】

记承天寺夜游

元丰六年十月十二日夜，解衣欲睡，月色入户，欣然起行。念无与为乐者，遂至承天寺寻张怀民。怀民亦未寝，相与步于中庭。庭下如积水空明，水中藻、荇交横，盖竹柏影也。何夜无月？何处无竹柏？但少闲人如吾两人者耳。

【乙】

超然台记

凡物皆有可观。苟有可观，皆有可乐，非必怪奇伟丽者也。哺糟啜醨①，皆可以醉，果蔬草木，皆可以饱。推此类也，吾安往而不乐？

【注释】①哺糟啜醨（chuò lí）：吃酒糟，喝薄酒。

1. 解释下列句中加点词的意思。

(1) 念无与为乐者　　　　　念:(　　　　　　)

(2) 相与步于中庭　　　　　相与:(　　　　　　)

(3) 盖竹柏影也　　　　　　盖:(　　　　　　)

(4) 皆可以饱　　　　　　　饱:(　　　　　　)

2. 用现代汉语翻译下列句子。

(1) 但少闲人如吾两人者耳。

_____

(2) 苟有可观,皆有可乐。

_____

3. 乙文中说"凡物皆有可观""吾安往而不乐"。甲文中哪些内容可以印证这两句话?

_____

(答案见附录)

赤壁赋

—— 吊古伤今之情感，矢志不渝之情怀

📗 作品简介

名称：《赤壁赋》

出处：《东坡七集》

年代： 北宋

体裁： 文赋

📗 作者简介

作者： 苏轼，字子瞻，又字和仲，号铁冠道人、东坡居士，世称苏东坡、苏仙

生卒： 1037—1101 年

籍贯： 眉州眉山（今属四川）

成就： 北宋著名文学家、书法家、画家，"唐宋八大家"之一，豪放派的主要代表作家，"千古第一文人"

作品：《东坡七集》《东坡乐府》

 **背景介绍**

❧ 文学背景 ❧

文赋是赋体的一类，是相对于俳（pái）赋而言的。元代祝尧说："宋人作赋，其体有二：曰俳体，曰文体。"这里的"文"是古文、散文；"俳"是对偶、骈（pián）俪（lì）。所以，文赋可以理解为用散文写成的赋，俳赋可以理解为用骈文写成的赋。因此，文赋也叫散赋，俳赋也叫骈赋。"骈"是对偶的意思，骈赋最明显的特点就是讲究对偶，特别是四六句式的对偶在骈赋中非常常见。而文赋既没有句式、音律的限制，也不过分追求对偶和用典，甚至不需要押韵，所以这种文体在写作上比骈赋自由很多，也更有利于情感的抒发。

文赋始于中唐时期，韩愈、柳宗元倡导了第一次古文运动，他们在继承和发展先秦、两汉古赋传统的基础之上，改革了骈偶语言。这一运动影响深远，其间涌现了大量优秀作品，如《阿房（ē páng）宫赋》等。第二次古文运动则由欧阳修、苏轼、苏洵、苏辙、王安石、曾巩等人主要发起，他们继承韩、柳革新的传统，批判宋初盛行的西昆派浮艳文风，进一步巩固了古文的文学地位，增加了古文的文学功能，使文章更便于抒情议论。

从古代传统文论观念来看，宋代文赋是赋的一种变体，赋体至宋"宋人又再变而为文"，《文体明辨》认为，"文赋尚理，而失于辞，故读之者无咏歌之遗音，不可以言俪矣"，这是说文赋与古赋相比，更崇尚说理，而在辞令上稍有不足（不符合骈偶声律的"俪辞"标准），所以读起来没有那种歌唱咏叹的意味，实际上已不能说是赋体了。但是，从文学体裁的发展规律看，宋代文赋其实正是赋体发展的终极形态，苏轼的《赤壁赋》和《后赤壁赋》就是这种文赋的代表作品。

汉朝大赋最优秀的作家是西汉辞赋家司马相如，他的《子虚赋》写了楚国使者子虚先生向乌有先生讲述帝王打猎的盛大场面，里面铺陈了很多华丽的辞藻，运用了大量的夸张、排比、对偶等修辞手法，把打猎的场面描写得惊心动魄。文中的"子虚"和"乌有"都是"虚构、不存在"的意思，这其实是在暗示读者，子虚先生和乌有先生都是虚构的人物，这篇文章也是作者虚构的。司马相如写这篇文章不过是为了炫耀文采、夸耀帝王的恢宏气度，以引起帝王对自己的注意。而苏轼的这篇《赤壁赋》没有过多运用铺陈排比的句式，重在抒发对宇宙、人生的思考与感悟，是一篇十分难得的上乘之作，既得了赋的韵律美，也融合了散文的自然美，还引发了人们对宇宙万物的思考。

苏轼生平

1. 考神苏轼

苏轼，字子瞻、号东坡居士，世称苏东坡。嘉祐元年（1056年），苏洵带着刚满十九岁的苏轼和十七岁的苏辙，从偏僻的西蜀地区，沿江东下，前往汴京（今河南开封）参加科举考试。宋朝科举实行糊名制，考卷的姓名栏是封住的，成绩出来之前，谁也不知道考卷是谁的。这次策论的题目是《刑赏忠厚之至论》，苏轼的文章让欧阳修十分震撼，本当列为第一，但他怀疑这篇文章是自己的得意弟子曾巩所作，为了避嫌，就把这份考卷列为第二。嘉祐六年（1061年），苏轼又应中了制科考试，即通常所谓的"三年京察"，这种考试在宋代并不常设，只有在皇帝选拔特殊人才时才会设置，考中制科的人仕途往往十分畅达。结果苏轼考了个"百年第一"，入第三等，这种考试中的第一等、第二等都是虚设的，没人能考中，第三等其实就是成绩最好的了。苏轼考中后，很快就被授职大理评事、签书凤翔府判官，名气也越来越大。

2. 得罪新党，一贬再贬

治平三年（1066年），苏洵病逝，苏轼、苏辙兄弟扶柩（jiù）还乡。三年守丧期满，苏轼还朝，恰好赶上王安石变法，苏轼、欧阳修等很多大臣都对变法持反对意见。后来，苏轼上书谈论新法的弊病，得罪了王安石，王安石就让御史谢景在宋神宗面前指责苏轼的过失。苏轼自请出京任职，任杭州通判，这一职位相当于现在的杭州副市长。杭州在当时是个非常繁华的大都会，不但商业发达，风景也十分秀丽。苏轼在这里游山玩水，度过了人生中最美好、最安逸的三年。离开杭州后，苏轼还多次写作诗词怀念这段美好的岁月。十八年后，五十四岁的苏轼以杭州知州的身份，再次来到杭州，任期两年。上次来杭州他都已经是副市长，这次来才是正市长，可见这十八年间苏轼的升官之路是多么艰难。上任第二年，苏轼征调二十多万民工疏浚（jùn）西湖，发展灌溉，大大促进了杭州地区的农业生产，还用挖掘出来的泥沙修筑了贯穿西湖的长堤，提高了西湖的游览价值。苏轼前后两次到杭州任职，他在任职的五年间，政绩卓著，杭州经济繁盛，人文蔚（wèi）起。为了纪念苏轼，杭州百姓以苏轼的姓名字号命名了很多地方，当年疏浚西湖时修筑的那条湖堤也被称作苏堤。

熙宁七年（1074 年）秋，苏轼任密州（今山东诸城）知州，他在这一时期创作了很多脍（kuài）炙（zhì）人口的诗词歌赋，包括著名的《水调歌头·明月几时有》《江城子·密州出猎》等。

3. 乌台诗案，人生转折

元丰二年（1079 年）四月，苏轼在调任湖州知州时，按例要向皇帝写一份报告。苏轼是个文人，写这种官文也不忘加点个人色彩，说自己"愚不适时，难以追陪新进""老不生事或能牧养小民"，没想到正是这些或恳切或无谓的话语给他招来了祸患，新党断章取义，指责苏轼"讽刺朝政""包藏祸心"，又怕不足以治罪，就从苏轼的大量诗作中挑出那些可以曲解为讥讽朝政的句子，想要封杀苏轼。七月二十八日，上任才三个月的苏轼被御史台的吏卒逮捕，押往京师，受牵连者达数十人，这就是北宋著名的"乌台诗案"。

乌台诗案这一巨大打击成为苏轼一生的转折点。新党们揪着苏轼的"小辫子"不放，非要置苏轼于死地不可。与此同时，救援活动也在朝野上下纷纷展开。朝中元老纷纷上书求情，王安石当时退休金陵（今南京），也上书说："安有圣世而杀才士乎？"再加上宋太祖赵匡胤留有不杀文人的祖训，这场诗案就因王安石"一言而决"，苏轼得以从轻发落，贬为黄州（今湖北黄冈）团练副使，受当地官员监视。虽然死罪已免，但这桩案底足以使苏轼终身难以进入政治高层。

4. 被贬黄州，名作迭出

黄州团练副使一职相当低微，并无实权，还要受到地方官员的监视。公务之余，苏轼不得不带领家人开荒种地以补贴家用，"东坡居士"的别号便是在这时起的，东坡就是苏轼在城东开垦的一块坡地。经过乌台诗案的打击后，苏轼的心情十分郁闷，对人生的体悟也更加深刻练达。他曾多次到黄州城外的赤鼻矶游览，写下了《赤壁赋》《后赤壁赋》和《念奴娇·赤壁怀古》等千古名作，以此来抒发他谪居黄州时或悲或喜的感情及思想。

5. 继续遭贬，病逝常州

元丰七年（1084年），苏轼离开了黄州，奉诏到汝州就职，苏轼的幼儿在颠沛之中不幸夭折。后来司马光重新拜相，尽废新法，旧党重新掌权，苏轼的日子才好过一些，当了登州（今山东蓬莱）知州。可苏轼看到旧党对王安石集团的人物不论善恶一律打压、对王安石的新法不论好坏一律废除之后，觉得旧党操之过急，再次向朝廷提出谏议。至此，苏轼陷入了新党也怨、旧党也恨的两难境地，只好再度请求外调。元祐四年（1089 年），苏轼任龙图阁学士、知杭州。1092 年又做了扬州太守。1093 年，他做了定州太守，定州在现在的河北保定。1094 年，他被贬到了广东惠州。在这里，苏轼创作了约 160 首诗词，让惠州名扬四海。"一自坡公（东坡）谪南海，天下不敢小惠州。"这句诗足以说明苏轼对惠州的影响有多么大。三年以后，苏轼又被贬到了儋（dān）州，儋州的"儋"，里面有一个"詹"字，他字子瞻，"瞻"里面也有一个"詹"字，所以苏轼认为自己与儋州很有缘。徽宗建中靖国元年（1101 年），被放逐到儋州的苏轼遇赦（shè）北返，途经润州（今江苏镇江）时，顺路游览了金山寺。苏轼看到寺内好友李公麟十年前为他画的画像居然还在，回顾平生，感慨万千，写下了《自题金山画像》一诗："心似已灰之木，身如不系之舟。问汝平生功业，黄州惠州儋州。"黄州、惠州、儋州都是苏轼被贬去到的荒凉之地，他在这些地方任职的时候也是最窘迫的时期，而他却觉得自己的功业都在这些边远地方。在叹服他的坚强与豪迈的同时，后人更多的是对他一生遭遇的悲悯和壮志难酬的惋惜！两个月后，苏轼病逝于常州。

儋州虽然远点儿，但是有沙滩、阳光，真舒服！

苏轼

写作背景

　　《赤壁赋》开篇就点明了写作时间"壬戌之秋，七月既望"，"壬戌"年指的是宋神宗元丰五年（1082 年）。此时苏轼刚从"乌台诗案"死里逃生，虽说在黄州任团练副使，其实并没有实权，工资很低（一说没有工资），还要受到各种限制。这一年的七月十六和十月十五，苏轼两次游"赤壁"，各写了一篇以"赤壁"为题的赋，后人称第一篇为《赤壁赋》，第二篇为《后赤壁赋》。

 文本解析

赤壁①赋

北宋·苏轼

扫码听音频

　　壬（rén）戌（xū）②之秋，七月既望③，苏子与客泛舟游于赤壁之下。清风徐④来，水波不兴⑤。举酒属（zhǔ）客⑥，诵明月之诗⑦，歌窈窕之章。少（shǎo）焉⑧，月出于东山之上，徘徊于斗（dǒu）牛⑨之间。白露⑩横江，水光接天。纵一苇之所如⑪，凌万顷之茫然⑫。浩浩乎如冯（píng）虚御风⑬，而不知其所止；飘飘乎如遗世独立，羽化而登仙⑭。

　　① 赤壁：赤壁之战的地点有多种说法，一般认为在今湖北武汉市的赤矶山。苏轼所游是黄州的赤鼻矶，并非赤壁大战处。

　　② 壬戌：宋神宗元丰五年（1082 年）。

　　③ 既望：过了望日后的第一天，通常指农历每月十六日。

　　④ 徐：舒缓地。

　　⑤ 兴：起、作。

　　⑥ 举酒属客：举起酒杯，劝客人饮酒。属，劝请。

　　⑦ 明月之诗：和下文的"窈窕之章"分指《诗经·陈风·月出》及其诗句。这首诗的第一章有"舒窈纠（jiǎo）兮"的句子，所以称为"窈窕之章"。

　　⑧ 少焉：一会儿。

　　⑨ 斗牛：斗宿和牛宿，都是星宿名。

⑩ 白露：指白茫茫的水汽。

⑪ 纵一苇之所如：任凭小船漂去。纵，放任。一苇，指小船（比喻船很小，像一片苇叶。）语出《诗经·卫风·河广》："谁谓河广，一苇杭（航）之。"如，往。

⑫ 凌万顷之茫然：越过那茫茫的江面。凌，越过。万顷，指广阔的江面。茫然，旷远的样子。

⑬ 冯虚御风：凌空驾风而行。冯，同"凭"，乘。虚，太空。御，驾。

⑭ 遗世独立，羽化而登仙：脱离人世，升入仙境。羽化，指飞升成仙。

壬戌年秋天，农历七月十六日，我同客人乘船游于赤壁之下。清风缓缓吹来，江面水波平静。于是（我）举杯邀客人同饮，吟咏《诗经·陈风·月出》一诗的"窈窕"一章。一会儿，月亮从东山上升起，在斗宿和牛宿之间徘徊。白茫茫的水汽笼罩着江面，波光与星空连成一片。我们听任苇叶般的小船漂去，越过那茫茫的江面。多么辽阔呀，像是凌空乘风飞去，不知将停留在何处；多么飘逸呀，好像变成了神仙，飞离尘世，登上仙境。

于是饮酒乐甚，扣舷（xián）①而歌之。歌曰："桂棹（zhào）兮兰桨②，击空明兮溯（sù）流光③。渺渺兮予怀④，望美人⑤兮天一方。"客有吹洞箫者，倚歌⑥而和（hè）之⑦。其声呜呜然，如怨如慕，如泣如诉⑧，余音袅袅（niǎo），不绝如缕⑨。舞幽壑之潜蛟，泣孤舟之嫠（lí）妇⑩。

① 扣舷：敲着船边，指打着节拍。

② 桂棹兮兰桨：桂木做的棹，木兰做的桨。

③ 击空明兮溯流光：（桨）划破月光下的清波，（船）在月光浮动的水面上逆流而上。空明，指月光下的清波。流光，江面上浮动的月光。

④ 渺渺兮予怀：我心里想得很远。渺渺，悠远的样子。

⑤ 美人：指所思慕的人。

⑥ 倚歌：依照歌曲的声调和节拍。倚，循、依。

⑦ 和之：（用箫）随着歌声伴奏。

⑧ 如怨如慕，如泣如诉：像是哀怨，像是思慕，像是啜泣，像是倾诉。怨，哀怨。慕，思慕。

⑨ 余音袅袅，不绝如缕：尾声细弱而婉转悠长，如同不断的细丝。袅袅，形容声音婉转悠长。缕，细丝。

⑩ 舞幽壑之潜蛟，泣孤舟之嫠妇：箫声使深谷中的蛟龙听了起舞，使独坐孤舟的寡妇听了落泪。幽壑，深谷。嫠妇，寡妇。

于是，（我）喝着酒，快乐极了，敲着船舷唱起来。歌词说："桂木做的棹啊，木兰做的桨，拍打着清澈的江水啊，船儿划破月光下的清波。多么深沉啊，我的情怀，仰望着我思慕的人儿啊，她在那遥远的地方。"客人中有吹洞箫的，依照歌曲的声调和节拍吹箫应和。箫声呜呜，像是哀怨，又像是思慕；像是哭泣，又像是倾诉，余音悠扬，像一根轻柔的细丝线延绵不断。（箫声）能使深谷中的蛟龙起舞，使独坐孤舟的寡妇啜泣。

苏子愀（qiǎo）然^①，正襟危坐^②而问客曰："何为其然也^③？"客曰："'月明星稀，乌鹊南飞'^④，此非曹孟德之诗乎？西望夏口^⑤，东望武昌^⑥，山川相缪（liáo），郁乎苍苍^⑦，此非孟德之困^⑧于周郎^⑨者乎？方^⑩其破荆州^⑪，下江陵^⑫，顺流而东也，舳舻（zhú lú）^⑬千里，旌（jīng）旗蔽空，酾（shī）酒临江，横槊（shuò）赋诗^⑭，固一世之雄也，而今安在哉？况吾与子渔樵（qiáo）于江渚（zhǔ）之上，侣鱼虾而友麋（mí）鹿^⑮，驾一叶之扁（piān）舟^⑯，举匏（páo）樽^⑰以相属（zhǔ）。寄^⑱蜉蝣（fú yóu）^⑲于天地，渺沧海之一粟（sù）^⑳。哀吾生之须臾（yú）^㉑，羡长江之无穷。挟（xié）飞仙以遨游，抱明月而长终^㉒。知不可乎骤^㉓得，托遗响^㉔于悲风^㉕。"

① 愀然：容色改变的样子。

② 危坐：端坐。

③ 何为其然也：（曲调）为什么这样（悲凉）呢？

④ 月明星稀，乌鹊南飞：所引是曹操《短歌行》中的诗句。

⑤ 夏口：古镇名，在今湖北武昌的西面。

⑥ 武昌：今湖北鄂州。

⑦ 山川相缪，郁乎苍苍：山水环绕，一片苍翠。缪，同"缭"，盘绕，围绕。

⑧ 困：受困。指曹操败于赤壁。

⑨ 周郎：周瑜。

⑩ 方：当。

⑪ 破荆州：建安十三年（208 年），曹操南击荆州，当时荆

州刺史刘表已死，刘表的儿子刘琮（cóng）投降曹操。荆州，在今湖北、湖南一带。

⑫ 下江陵：刘琮投降曹操以后，曹操又在当时的长坂击败刘备，进兵江陵。下，攻占。江陵，当时荆州首府。

⑬ 舳舻：船头和船尾的并称，泛指首尾相接的船只。

⑭ 酾酒临江，横槊赋诗：面对大江斟酒，横执长矛吟诗（曹操所吟的诗就是《短歌行》）。酾酒，斟酒。槊，长矛。

⑮ 侣鱼虾而友麋鹿：把鱼虾、麋鹿当作好友。侣，伴侣，这里用作动词。麋，鹿的一种。

⑯ 扁舟：小舟。

⑰ 匏樽：用葫芦做成的酒器。匏，葫芦的一种。

⑱ 寄：寄托。

⑲ 蜉蝣：一种小飞虫，夏秋之交生在水边，生存期很短，古人说它朝生暮死。这里用来比喻人生短促。

⑳ 一粟：一粒米。

㉑ 须臾：片刻，时间极短。

㉒ 长终：至于永远。

㉓ 骤：一下子，很轻易。

㉔ 遗响：余音，指箫声。

㉕ 悲风：悲凉的秋风。

我不禁感伤起来，整理了衣裳，端正地坐着，问客人："（曲调）为什么这样（悲凉）呢？"客人说："'月明星稀，乌鹊南飞'，这不是曹孟德的诗吗？向西望是夏口，向东望是武昌，山川环绕，一片苍翠，这不是曹孟德被周瑜围困的地方吗？当他夺取荆州，攻下江陵，顺着长江东下的时候，战船连接千里，旌旗遮蔽天空，在江面上洒酒祭奠，横端着长矛朗诵诗篇，本来是一代英雄，可如今他又在哪里呢？何况我同你在江中和沙洲上捕鱼打柴，以鱼虾为伴，与麋鹿为友，驾着一叶孤舟，在这里举杯互相劝酒。只是像蜉蝣一样寄生在天地之间，渺小得像大海中的一粒米。我哀叹生命的短暂，而羡慕长江的流水无穷无尽。希望同仙人一起遨游，与明月一起长存。我知道这是不可能轻易得到的，因而只能把箫声的余音寄托给这悲凉的秋风。"

苏子曰："客亦知夫水与月乎？逝者如斯，而未尝往也；盈虚者如彼，而卒莫消长（zhǎng）也①。盖将自其变者而观之，则天地曾不能以一瞬②；自其不变者而观之，则物与我皆无尽也，而又何羡乎！且夫天地之间，物各有主，苟非吾之所有，虽一毫而莫取。惟江上之清风，与山间之明月，耳得之而为声，目遇之而成色，取之无禁，用之不竭，是造物者之无尽藏（zàng）也，而吾与子之所共适③。"

微课扫一扫

① 逝者如斯，而未尝往也；盈虚者如彼，而卒莫消长也：流去的（水）像这样（不断地流去永不复返），而并没有流去；（月亮）像那样时圆时缺，却终究没有增减的变化。未尝往，意思是江水虽然在不断地奔流，但前者去后者来，始终滔滔不绝，如同没有流去。盈，满。虚，缺。卒，终究。消长，削减和增长。

② 盖将自其变者而观之，则天地曾不能以一瞬：如果从那变

化的一面看，那么天地间万事万物（时刻在变动），连一眨眼的工夫都不停止。将，这里表示假设。

③ 是造物者之无尽藏也，而吾与子之所共适：这是自然界无穷无尽的宝藏，我和你可以共同享受。造物者，原指"天"，就是现在所说的"自然"。无尽藏，出自佛家语的"无尽藏海"（像海之能包罗万物）。适，这里有"享有"的意思。

我说："你也知道那水和月亮吗？（江水）总是不停地流逝，但它们并没有流走；月亮总是那样有圆有缺，但它终究没有增减。要是从它们变化的一面来看，那么天地间的一切事物（时刻在变动），连一眨眼的工夫都不停止；要是从它们不变的一面来看，万物同我们一样都是永恒的，又何必羡慕它们呢！再说，天地之间，万物各有主人，假如不是为我所有，即使是一丝一毫也不能得到。只有这江上的清风和山间的明月，耳朵听到了才成为声音，眼睛看到了才成为颜色，占有它们，无人禁止，使用它们，无穷无尽，这是大自然无穷无尽的宝藏，而我能够同你共同享受。"

客喜而笑，洗盏（zhǎn）更（gēng）① 酌（zhuó）。肴（yáo）核② 既尽，杯盘狼籍（jí）③。相与枕藉（jiè）④ 乎舟中，不知东方之既白⑤。

① 更：再。

② 肴核：菜肴和果品。

③ 狼籍：即"狼藉"，凌乱。

④ 相与枕藉：互相枕着垫着。

⑤ 既白：天明了。白，明亮。

客人听了之后，高兴地笑了，洗净杯子，重新斟酒。菜肴和果品已吃完了，杯盘杂乱地放着。大家互相枕着垫着睡在船中，不知不觉东方已经亮了。

 窦神解读

1. 关于干支纪年

"壬戌之秋"用到了我国自古以来一直使用的纪年方法——干支纪年法，这种纪年方法是我国古代劳动人民的伟大创造。干支是天干和地支的总称。天干是甲、乙、丙、丁、戊、己、庚、辛、壬、癸十位；地支是子、丑、寅、卯、辰、巳、午、未、申、酉、戌、亥十二位。地支比天干多了两位，把干支顺序相配，正好六十对为一周，周而复始，循环往复，这就是俗称的"干支表"，它可以向上或向下无限推导下去，如壬戌的上一年就是辛酉，下一年就是癸亥，把天干和地支的排位都往前挪一位就是上一年，都往后挪一位就是下一年，以此类推。需要注意的是，有时候干支纪年是以每年立春为新一年的开端，而不是以春节作为新一年的开端。

2. 苏轼的词

公元 1037 年 1 月 8 日，苏轼在四川眉山出生。苏轼是唐朝宰相苏味道的后代，祖籍在河北栾城。苏味道也是一位诗人，他与杜审言、崔融、李峤（qiáo）并称"文章四友"，与李峤并称"苏李"。在初唐诗人中，"苏李"往往又和"沈宋"[沈佺

（quán）期、宋之问] 相提并论，因为他们都大力创作近体诗，这对唐代律诗的发展起到了很好的推动作用。到了北宋，苏味道的十一世孙苏轼对宋词的发展起到了至关重要的作用。一方面，苏轼提出了"以诗为词"的主张，打破了词的音乐对词文的束缚，使得宋词成为一种独立的文学体裁。所以他有很多词虽然不利于乐工演唱，但是就词文本身来说写得相当不错，很有文学价值。另一方面，苏轼提出了词须"自是一家"的创作主张，强调词应抒发自我的真实性情和独特的人生感受，大大拓宽了词境。他一改五代以来柔美的词风，将豪情壮志及人生感悟注入词作当中，创立了影响后世数百年之久的豪放派，也使得词的文学地位进一步提升。

3. 横槊赋诗

"横槊赋诗"一词后来被用在《三国演义》的第四十八回《宴长江曹操赋诗，锁战船北军用武》中："曹操正笑谈间，忽闻鸦声望南飞鸣而去。操问曰：'此鸦缘何夜鸣？'左右答曰：'鸦见月明，疑是天晓，故离树而鸣也。'操又大笑。时操已醉，乃取槊立于船头上，以酒奠于江中，满饮三爵，横槊谓诸将曰：'我持此槊，破黄巾、擒吕布、灭袁术、收袁绍，深入塞北，直抵辽东，纵横天下，颇不负大丈夫之志也。今对此景，甚有慷慨。吾当作歌，汝等和之。'"曹操所吟的诗叫《短歌行》，非常有名，抒发了曹操的求贤若渴之心和匡扶天下之志。

📘 拓展升华

乌台诗案是苏轼的不幸，是北宋的不幸，却是文坛的一大幸事。乌台诗案并没有使苏轼搁笔，反而加深了他对宇宙、人生的思考。接连不断的贬谪，使他游遍了祖国的名山大川，尝尽了人间的悲欢离合，为他的创作提供了丰富的材料和灵感。看淡了官场之事，苏轼更加寄情于文字，给中华民族留下了一笔巨大的文学财富。所谓"国家不幸诗家幸，赋到沧桑句便工"。读者要学会用平和的眼光来看待历史，用平淡的心境去对待生活，这便是知人论世的要义。

 必考必背

1. 浩浩乎如冯虚御风，而不知其所止；飘飘乎如遗世独立，羽化而登仙。

2. 如怨如慕，如泣如诉，余音袅袅，不绝如缕。

3. 舞幽壑之潜蛟，泣孤舟之嫠妇。

4. 寄蜉蝣于天地，渺沧海之一粟。

5. 哀吾生之须臾，羡长江之无穷。挟飞仙以遨游，抱明月而长终。

 真题演练

阅读《赤壁赋》，回答 1 ~ 3 题。（2018 年江西省中考题）

1. 下列语句中加点的字的解释，不正确的一项是（　　）。

A. 纵一苇之所如　　　　　如：往

B. 正襟危坐而问客曰　　　危：端正

C. 而今安在哉　　　　　　安：哪里

D. 相与枕藉乎舟中　　　　藉：凭借

2. 下列句子中，加点词的词类活用与例句用法相同的一项是

（　　）。

　　例句：舞幽壑之潜蛟

　　A. 项伯杀人，臣活之

　　B. 群贤毕至，少长咸集

　　C. 皆白衣冠以送之

　　D. 吾得兄事之

3. 翻译文中下列句子。

　　（1）自其不变者而观之，则物与我皆无尽也，而又何羡乎！

　　————————————————————————

　　（2）是造物者之无尽藏也，而吾与子之所共适。

　　————————————————————————

（答案见附录）

满井游记

——早春时节北京郊外的大好风光

 作品简介

名称：《满井游记》

出处：《袁中郎全集》

年代： 明

体裁： 小品散文

 作者简介

作者： 袁宏道

生卒： 1568—1610 年

籍贯： 湖广公安（今属湖北）

成就： 著名文学家、公安派代表人物，提出"性灵说"

作品：《袁中郎全集》

 背景介绍

❧ 袁宏道生平 ❧

1. 少有才名

袁宏道生于 1568 年，字中郎、又字无学，号石公、又号六休，是湖广公安人。他与他的哥哥袁宗道、弟弟袁中道被称为"公安三袁"。袁宏道是兄弟三人中成就最高的。袁宏道出身官宦家庭，受过良好的教育，很早就表现出了过人的才华。在万莹、王辂（lù）这些名师的指导下，袁宏道的诗文写得相当不错。在袁宏道还是一个小小的诸生①的时候，他就在城南办了一个文社，自己当社长。文社的成员们除了攻读科考书籍外，也很重视诗歌古文的创作。社友中年龄在三十岁以下的人，都把袁宏道当成老师，对他尊重有加，而当时的袁宏道仅仅十六七岁！可见，他那时在乡里就因学识过人而很有名气了。

2. 初次会试失利

袁宏道二十一岁时中了举人，但赴京会试时名落孙山，这让向来以"学神"著称的袁宏道十分苦闷。在明朝的时候，科举考试的程序分为院试、乡试、会试和殿试。院试是地方考试，是州县主持的。参加院试考试的考生不管年龄大小都叫童生。通过院试考试的人就获得了秀才的称号，意思是学识优秀的人。中了秀才的人才能参加乡试。乡试是省一级的考试，每三年才

---

① 明代称考取秀才入学的生员为诸生。

有一次，一般在八月举行，所以也叫"秋闱（wéi）"，"闱"在这里是"试院、考场"的意思，考中的称为举人，第一名叫解元。举人紧接着可以参加第二年的中央考试——会试。会试也是三年一次，一般是三月在京城举行，所以又称"春闱"。这个考试只有举人才能参加，能够参加这一考试的考生，大多是来自全国各省的"学霸"。通过这次考试的被称为贡士，贡士的总人数大概有三百人，第一名叫作会元。贡士要想成为进士，还要再过一关——殿试，这场考试由皇帝亲自提问，考生现场作答，皇帝和大臣根据成绩好坏，把考生划分为三甲。一甲只有三个人，叫"进士及第"，分别是状元、榜眼、探花；二甲有若干人，叫"进士出身"；三甲也有若干人，叫"同进士出身"。所谓"连中三元"，就是在乡试、会试、殿试中均为第一，这种"考神"十分罕见，明清两朝连中三元的人寥寥无几。考中进士就具备了做官的资格，通常很快就会补官，但也只是一个八品的县官。没中进士的贡士、举人们，也并不是一辈子与官场无缘。如果举人参加三次会试还没考中进士，就可以到吏部注册，过几年、十几年，甚至几十年，如果官职有了空缺，就会从这些人中选一部分去当官，叫"大挑"。这些举人虽然没有考上进士，但毕竟也是一个省的前几百名，是上过榜的，所以他们叫作"乙榜出身"，而中了进士的人则叫作"甲榜出身"。按照中进士的人口比例来看，进士大概相当于今天的两院院士，所以读者可以想象一下，中进士是多么困难的一件事！

3. 潜心研究佛学

科举考试失意，对自幼就因学识闻名乡里的袁宏道来说，无疑是一次巨大的打击。在他的大哥袁宗道的影响下，袁宏道开始从禅宗中寻找精神寄托，用禅学来解释儒学，悟出了许多道理。他把自己的这些心得写成《金屑编》，到湖北北部的麻城拜访李贽（zhì）。李贽在当时颇有名气，他离经叛道，对传统的儒学、理学都进行了猛烈的抨（pēng）击。在麻城讲学时，他的听众能够达到一两千人。李贽十分赏识袁宏道的学识，称赞他"识力胆力，皆迥绝于世，真英灵男子，可以担荷此一事耳。"在李贽与传统的儒学、理学大相径庭的思想的启发下，袁宏道视野大开，写出了佛学著作《西方合论》。它是晚明佛学内部融通合流的产物，对后世有巨大的影响。

4. 步入仕途

1589 年的进士科没考中，袁宏道颇为失落，后来在用禅宗的思想解读儒家经义的过程中，他反而平静了许多，也明白了

论"佛系"，还是你更厉害啊。

过奖，过奖。

李贽

袁宏道

很多道理。1592 年，进士科再度开考，袁宏道顺利考中。考中进士的袁宏道并没有立刻补官，而是回到老家闲居，每天与文友切磋文义，饮酒作乐，过得很开心。那时他就已经流露出对当时文坛盛行的复古思潮的不满了，他既反对"前后七子[①]"一味模仿秦汉古文的主张，又反对唐顺之、归有光等人模仿唐宋古文的做法，认为文章应该紧跟时代，随性而出，不能泥古不化，作茧自缚。三年后，袁宏道被选为吴县（今属江苏苏州吴中区）县令。在任上，他判案果断，很受百姓爱戴。袁宏道精明过人，惩戒贪官污吏很有一套，当时的宰相申时行还感慨"二百年来无此令矣"。也正因为袁宏道揪出了不少违法官员，得罪了不少人，再加上他本身就性情疏懒，好游山泽，政务繁忙使他叫苦不迭："人生作吏甚苦，而作令为尤苦，若作吴令则其苦万万倍，直牛马不若矣。"于是他在第二年就辞职了，开始四处游历，寻访文士，并宣扬他的文学主张。

～ 文学背景 ～

1. 古文发展脉络

在古文的发展过程中，先秦诸子散文的成就是相当高的；唐代的韩愈、柳宗元曾发起古文运动，振兴了中唐的文坛；宋代的欧阳修、苏轼等人则振兴了北宋的文坛；在唐宋之后，又一个文

[①]　出现于明代，由李梦阳、何景明、李攀龙、王世贞等为领袖，标榜所谓"复古"的十四位文学家，提出了"文必秦汉，诗必盛唐"的口号。

章发展较快的时期是明朝。明朝主要有"前后七子"和公安派两大文学派别："前后七子"推崇模仿秦汉文学和盛唐诗词，有明显的复古倾向；公安派与"前后七子"的文学主张针锋相对，公安派的文人猛烈地抨击"前后七子"的复古倾向，主张"独抒性灵，不拘格套"，袁宏道就是公安派的代表人物之一。

袁先生，听说您是公安派的？我钱包丢了，找您报案。

袁宏道

2. 公安派

袁氏三兄弟是湖广公安人，所以认同他们所提出的一系列文学主张的文人被称为公安派。公安派反对"前后七子"的拟古文风，主张"独抒性灵，不拘格套"，作文要贴近现实，表达情感，不但不能泥古不化，还要有新意、有个性，"发前人之所未发"。明朝文坛上很有影响力的两个人，一个是"前七子"的领袖李梦阳，一个是"后七子"的领袖王世贞，他们想要发起第三次古文运动。其中，李梦阳提出"文必秦汉，诗

微课扫一扫

必盛唐"的口号，他们认为秦汉之际的文章水平是最高的，所以写文章一定要学秦汉；盛唐的诗歌成就是最高的，所以写诗歌一定要学盛唐。"后七子"几乎是全盘继承了"前七子"的文学主张。这是对秦汉文学和盛唐诗歌的高度肯定，具有一定的积极意义。可其缺陷也十分明显，"前后七子"名为复古，实为仿古，在他们的诗文中不难发现一些模仿古人的套作，比如王世贞拟古乐府《上邪》中"上邪，与君相知，譬彼结发而盟，山摧海枯志不移"几句，句式与意蕴都和原作"上邪，我欲与君相知，长命无绝衰。山无棱，江水竭，……乃敢与君绝"十分相似，毫无新意，这种套作显然是没有多大意义的。袁宏道坚决反对这种仿古文风，他认为学习古文，应该学的是内在品质而不是外在形式，不能鹦鹉学舌，照搬古文，作无谓之咏。所以公安派在作文时就深以为戒，他们的文章大多贴合实际、推陈出新，在当时读来很好懂，现代人读起来难度也不是很大。公安派还十分推崇民歌小说，提倡通俗文学，这对明清小说地位的提高与取得巨大成就具有重要的促进作用，四大名著的诞生更是验证了公安派文学主张的正确性与前瞻性。

写作背景

万历二十六年（1598 年），袁宏道收到在京城任职的哥哥袁宗道的来信，袁宗道让他收起游山玩水的兴致，进京任职。袁宏道只好来到北京，接受顺天府儒学教授一职，第二年，升为国子监助教。这个助教其实就是给学生教课的导师。国子监助教品级不高，很清闲，袁宏道于是在北京到处游玩。但袁宏道毕竟是南方人，北方的寒冷多少抑制了他的游兴，《满井游记》开篇第一段就"吐槽"了北京的冬天，然后才进入正文。满井就是北京城附近的一口井，这一年的早春二月，袁宏道和几个朋友一起游览了京郊的满井，心情很愉悦，于是写下了这篇作品。

 **文本解析**

扫码听音频

满井游记

明·袁宏道

燕^①地寒，花朝节^②后，余寒犹厉。冻风时作^③，作则飞沙走砾^④。局促^⑤一室之内，欲出不得。每冒风驰行，未百步辄（zhé）^⑥返。

① 燕：指今河北北部、辽宁西部、北京一带。这一地区原为周朝诸侯国燕国故地。

② 花朝节：旧时以农历二月十二日为花朝节，说这一天是百花生日。

③ 冻风时作：冷风时常刮起。

④ 飞沙走砾：黄沙横飞，碎石滚动。

⑤ 局促：拘束。

⑥ 辄：就。

北京一带气候寒冷，花朝节过后，冬天余留的寒气还很厉害。冷风时常刮起，一刮起就飞沙走石。（我被）拘束在一室之中，想出去都不行。（我）每次冒风疾行，不到百步就（被迫）返回。

廿二日天稍和①，偕②数友出东直③，至满井。高柳夹堤，土膏④微润，一望空阔，若脱笼之鹄（hú）⑤。于时⑥冰皮始解⑦，波色乍⑧明，鳞浪⑨层层，清澈见底，晶晶然如镜之新开⑩而冷光之乍出于匣⑪也。山峦为晴雪所洗，娟然⑫如拭，鲜妍明媚，如倩女之靧（huì）⑬面而髻（jì）鬟（huán）之始掠⑭也。

① 稍和：略微暖和。

② 偕：一同。

③ 东直：北京东直门，在旧城东北角。满井在东直门北三四里。

④ 土膏：肥沃的土地。膏，肥沃。

⑤ 脱笼之鹄：从笼中飞出去的天鹅。

⑥ 于时：在这时。

⑦ 冰皮始解：水面上的冰开始融化。

⑧ 乍：初，始。

⑨ 鳞浪：像鱼鳞似的浪纹。

⑩ 新开：新打开。

⑪ 匣：指镜匣。

⑫ 娟然：美好的样子。

⑬ 靧：洗脸。

⑭ 掠：梳掠。

二十二日，天气略微暖和，我带着几个朋友出东直门，到了满井。高大的柳树夹立堤旁，肥沃的土地有些湿润，一眼望去空旷开阔，（觉得自己）好像是从笼中飞出去的天鹅一样。这时河面上的冰刚刚融化，波光才刚刚开始明亮，像鱼鳞似的浪纹一层一层，清澈得可以看到河底，光亮的样子好像明镜刚刚被打开，清冷的光辉突然从镜匣中射出来一样。山峦被晴天融化的积雪清洗过，美好的样子好像刚擦过一样，娇艳得像美丽的少女洗了脸、刚梳好髻鬟一样。

柳条将舒未舒，柔梢①披风②，麦田浅鬣（liè）③寸许。游人虽未盛，泉而茗者，罍（léi）而歌者，红装而蹇（jiǎn）者④，亦时时有。风力虽尚劲（jìng）⑤，然徒步则汗出浃（jiā）⑥背。凡曝（pù）沙之鸟，呷（xiā）⑦浪之鳞⑧，悠然自得⑨，毛羽鳞鬣⑩之间皆有喜气。始知郊田之外未始无春，而城居者未之知也。

① 梢：柳梢。

② 披风：在风中散开。

③ 鬣：兽颈上的长毛，这里形容不高的麦苗。

④ 泉而茗者，罍而歌者，红装而蹇者：汲泉水煮茶喝的，端着酒杯唱歌的，穿着艳装骑驴的。泉、茗、罍、蹇都是名词作动词用。

⑤ 劲：猛，强有力。

⑥ 浃：湿透。

⑦ 呷：吸。

⑧ 鳞：代指鱼。

⑨ 悠然自得：悠闲舒适。悠然，闲适的样子。自得，内心得意舒适。

⑩ 毛羽鳞鬣：泛指一切动物。

柳条将要舒展却还没有舒展，柔软的树梢在风中散开，麦苗破土而出，短小如兽颈上的毛，才一寸左右。游人虽然还不多，（但）汲泉水煮茶喝的，端着酒杯唱歌的，身着艳装骑驴的，也时时能看到。风力虽然还很强，然而徒步走路就会大汗淋漓、汗流浃背。凡是（那些）在沙滩上晒太阳的鸟、浮到水面上戏水的鱼，都悠然自得，一切动物都透出喜悦的气息。（我这）才知道郊野之外并不是没有春天，而是住在城里的人不知道啊。

夫不能以游堕（huī）事①而潇然于山石草木之间者，惟此官②也。而此地适③与余近，余之游将自此始，恶（wū）能④无纪⑤？己亥⑥之二月也。

① 堕事：耽误公事。堕，同"隳"，荒废、耽误。

② 此官：当时作者任顺天府儒学教授，是个闲职。

③ 适：正好。

④ 恶能：怎能。恶，怎么。

⑤ 纪：同"记"，记录。

⑥ 己亥：明万历二十七年（1599年）。

不会因为游玩而耽误公事，能无拘无束地潇洒地在山石草木之间游玩的，恐怕只这个职位了。而此地正好离我近，我将从现在开始出游，怎能没有记录？（这是）明万历二十七年二月。

1. 关于北京的历史沿革

明朝初年，首都是应天府，也就是今天的南京。元朝的首都叫作元大都，也就是今天的北京。洪武元年（1368年），朱元璋灭元朝后，为了记载平定北方的功绩，将元大都改称北平。燕王朱棣经过靖难之变后夺得了皇位，在永乐元年（1403年）把北平改为北京，永乐十九年（1421年）正月，明朝中央政府正式迁都北京，以顺天府北京为京师，应天府则作为留都称南京。明仁宗、英宗的一段时期，北京还曾一度降为行在〔天子行銮（luán）驻跸（bì）的地方〕，相当于陪都。南京应天府复为京师。

北京最早是春秋时燕国的属地，其都城在现在北京房山区的琉璃河镇一带。后燕国灭掉了蓟（jì）国，迁都于蓟，都城统称为燕都或燕京。秦始皇统一天下后，把今天的北京设为蓟县。汉高祖五年（公元前202年），今天的北京被划入燕国，后来又恢复叫蓟县，属幽州管辖。隋朝时改幽州为涿郡。安史之乱时，安禄山在今天的北京称帝，建国号为"大燕"。唐朝平乱后，复置幽州。宋朝对包括幽州在内的幽云十六州望眼欲穿，但始终未能收复。北京为元明清三朝的首都，在民国的后半部分时期，北京又改叫北平，直到中华人民共和国成立的前几天，北平才更名为北京。

2. 本文结构

本文由三部分构成，第一部分，也就是第一段，作者先写北方的寒冷，言明自己难得出游。第二部分是中间两段，写的是作者出游见到的景色。第三部分是最后一段，是作者对这次出游做的总结，辩白自己出去玩并没有影响工作。作者写这篇小品文是为了抒发自己本次出游及很快天气转暖就又可以出去游玩的喜悦之情。本文首尾相扣，逻辑严密，文风清新明快，是一篇十分难得的游记小品文。

 拓展升华

在袁宏道那个时代，人们追求"性灵"，提倡人的本真和自由，所以往往追求极致的娱乐享受。著名的旅行家徐霞客就活跃在这一时期。但是袁宏道自己又学"禅"，向往佛家那种无欲无求的境界。所以袁宏道只挂闲职，一心游山玩水、谈论诗文。大家可以思考一下，这种矛盾的心理是不是也是那个时代的读书人进退两难的心态的写照呢？

 必考必背

1. 山峦为晴雪所洗，娟然如拭，鲜妍明媚，如倩女之靧面而髻鬟之始掠也。

2. 始知郊田之外未始无春，而城居者未之知也。

 真题演练

阅读下列文段，回答 1～5 题。（2015 年内蒙古赤峰市中考题）

①廿二日天稍和，偕数友出东直，至满井。②高柳夹堤，土膏微润，一望空阔，若脱笼之鹄。③于时冰皮始解，波

色乍明，鳞浪层层，清澈见底，晶晶然如镜之新开而冷光之乍出于匣也。④山峦为晴雪所洗，娟然如拭，鲜妍明媚，如倩女之靧面而髻鬟之始掠也。⑤柳条将舒未舒，柔梢披风，麦田浅鬣寸许。⑥游人虽未盛，泉而茗者，罍而歌者，红装而蹇者，亦时时有。⑦风力虽尚劲，然徒步则汗出浃背。⑧凡曝沙之鸟，呷浪之鳞，悠然自得，毛羽鳞鬣之间皆有喜气。始知郊田之外未始无春，而城居者未之知也。

1. 选文出自＿＿＿＿＿＿（作者）的＿＿＿＿＿＿一文。

2. 解释加点的词。

波色乍明　　乍：＿＿＿＿＿　靧面　　　　　　　　靧：＿＿＿＿＿

晶晶然　　　然：＿＿＿＿＿　冷光之乍出于匣也　之：＿＿＿＿＿

3. 文中总写满井早春景色的句子是：

＿＿＿＿＿＿＿＿＿＿＿＿＿＿＿＿＿＿＿＿＿＿

4. 文中点明中心的句子是：

＿＿＿＿＿＿＿＿＿＿＿＿＿＿＿＿＿＿＿＿＿＿

5. 翻译句子。

柳条将舒未舒，柔梢披风，麦田浅鬣寸许。

＿＿＿＿＿＿＿＿＿＿＿＿＿＿＿＿＿＿＿＿＿＿

（答案见附录）

送东阳马生序

——宋学士的谆谆劝学之作

 作品简介

篇名：《送东阳马生序》

出处：《宋濂全集》

年代：明

体裁：散文

 作者简介

作者：宋濂，字景濂，号潜溪，别号
龙门子、玄真遁叟等

生卒：1310—1381 年

籍贯：浦江（今属浙江）

成就：明初诗文三大家之一，开国文
臣之首，刘基赞他"当今文章第一"

作品：《宋学士全集》

📘 背景介绍

宋濂生平

微课扫一扫

1. 台阁体

宋濂生于 1310 年，卒于 1381 年，与刘基（明朝的开国军师刘伯温）、高启并称为"明初诗文三大家"。明朝前期，文人写文章喜欢用"台阁体"，这是一种书体，要求写字端正拘恭、横平竖直、整整齐齐，宋濂的字体是"台阁体"的典范，后来很多人都学习宋濂的书体。

2. 总裁宋濂

宋濂其实是个"总裁"，他在修元史的时候被任命"总裁"一职。但此总裁非彼总裁，在我国古代，总裁是指一个具体事务的执行长官。宋濂就是那位修订元史的总裁。所以我们可以称呼宋濂为宋总裁。

3. 草根帝掌生杀权，夹尾巴做太子师

宋濂教过朱元璋的儿子——太子朱标，也教过十几位大学士。朱元璋让这些大学士拜宋濂为师，所以宋濂是真正的王者之师。1271 年，元朝建立。1310 年宋濂出生，1328 年朱元璋出生，宋濂比朱元璋大了十八岁，宋濂、刘伯温这些老臣告老还乡的时候，都对朱元璋说："皇上，我们走了，请您给我们机会，让我们每年都回来看望您。"他们通过这种方式来表忠心。

4. 拍马屁逃不过多疑

在告老还乡的第二年，宋濂回朝。在太学读书的同乡晚辈

马君则前来拜访，还给他写了一封长信，里面全是恭维他的话。这样的一件小事竟然让宋濂脊背发凉。为什么呢？太学生给同乡的前辈老师写赞扬信，在普通人看来没什么问题，但是别忘了，朱元璋是一个多么敏感多疑的皇帝，如果这封信被他看到，他会怀疑马君则是宋濂的党羽，甚至还会怀疑宋濂在暗地里召集了一群人搞阴谋诡计。宋濂在朱元璋身边工作了这么多年，这点敏感度还是有的，所以他马上想到要给马君则回一封信，在信中他要玩儿命拍朱元璋的马屁，玩儿命夸大明朝怎么怎么好，总之就是要让皇帝开心，让皇帝不去怀疑他。很可能是这个原因，宋濂就写了《送东阳马生序》。

在文章的开头，宋濂先是说自己小时候学习条件多么艰苦，说自己小时候读书多么不容易，如手指冻僵了还要坚持抄书，踩着几尺深的厚雪还要赶路上学，等等。说完了，宋濂马上将笔锋一转，说现在的太学生学习条件就好多了。现在的太学生们在太学里学习，朝廷每天供给膳食，父母每年有皮袍葛衣送来，没有挨饿受冻的忧虑了；坐在高大的屋子里诵读诗书，没有奔走的劳苦了；有司业、博士做他们的老师，没有去询问而不告知、求教而得不到老师指导的情况了；凡是所应该具备的书籍都集中在这里，不会再有用手抄录、向别人借来然后才能看到的情况了①。宋濂为什么要这样卖力地夸太学的学习条件好呢？因为太学是皇帝兴办的，夸太学就相当于在变相地夸皇帝。

---

① 这部分原文没有选入教材，本书也不做详细讲解，仅在此处提及大意。

宋濂

马生这是在夸我，还是害我呢？

　　但是，这么一篇"马屁文"还是没能完全消除朱元璋对宋濂及其在朝堂为官的亲属的猜疑。三年之后，宋濂的孙子宋慎被牵连进了"胡惟庸案"，宋慎和宋濂的二儿子宋璲都被赐死。朱元璋还想处死宋濂，但受到宋濂多年教育、对老师尊崇备至的太子朱标得到消息后大惊失色，哭着为老师求情，听到消息的赖皇后也极力劝谏，这才打消了朱元璋杀掉宋濂的念头。但是死罪可免，活罪难逃，宋濂被改判流放四川茂州。当时的国都金陵（今江苏南京）离茂州数千里之遥，而且被流放的人要一路戴着刑具行走，这对一个已经七十岁的老人来说，简直是变相的死刑。结果，才走到夔州地界，宋濂就一病不起，最后死于流放途中。

写作背景

　　《送东阳马生序》的创作时间是明洪武十一年（1376年），

洪武是朱元璋在位时使用的年号。序，可分为书序和赠序两种，书序就是给一些文字作的序，赠序则多用于两个人离别的时候，一方赠另一方一篇文章。这篇《送东阳马生序》就是赠序，就是宋濂在同乡晚辈马君则来拜访他后，临别前赠给马君则的一篇文章。

 **文本解析**

扫码听音频

送东阳马生序（节选）

明·宋濂

　　余幼时即嗜学。家贫，无从致①书以观，每假借②于藏书之家，手自笔录，计日以还。天大寒，砚冰坚，手指不可屈伸，弗之怠③。录毕，走④送之，不敢稍逾约⑤。以是⑥人多以书假余，余因得遍观群书。既加冠（guān）⑦，益慕圣贤之道。又患无硕师⑧名人与游，尝趋百里外，从乡之先达执经叩问⑨。先达德隆望尊，门人弟子填其室，未尝稍降辞色⑩。余立侍左右，援疑质理⑪，俯身倾耳以请⑫；或遇其叱咄（duō）⑬，色愈恭，礼愈至⑭，不敢出一言以复；俟（sì）⑮其欣悦，则又请焉。故余虽愚，卒获有所闻。

　① 致：得到。

　② 假借：借。

　③ 弗之怠：即"弗怠之"，不懈怠，指不放松抄录书。

　④ 走：跑。

　⑤ 逾约：超过约定期限。

⑥ 以是：因此。

⑦ 既加冠：加冠之后，指已成年。古时男子二十岁举行加冠（束发戴帽）仪式，表示已经成人。后人常用"冠"或"加冠"表示年已二十。

⑧ 硕师：学问渊博的老师。

⑨ 从乡之先达执经叩问：拿着经书向同乡有道德有学问的前辈请教。叩问，请教。

⑩ 稍降辞色：把言辞和脸色略变得温和一些。稍，略微。辞色，言辞和脸色。

⑪ 援疑质理：提出疑难，询问道理。援，引、提出。质，询问。

⑫ 俯身倾耳以请：弯下身子，侧着耳朵来请教。表示专心而恭敬。

⑬ 叱咄：训斥，呵责。

⑭ 至：周到。

⑮ 俟：等待。

我小时候就爱好读书。家里穷，没有办法得到书，就经常向有藏书的人家借，亲手用笔抄写，计算着约定的日子按期归还。天气特别冷的时候，砚池里的墨水结成坚冰，手指不能屈伸，（我）也不敢放松（或懈怠）。抄写完毕，（我）就跑着把书送还，不敢稍稍超过约定的期限。因此，人家大多愿意把书借给我，我也因此看遍了各种各样的书。成年以后，（我）更加仰慕古代圣贤的学说，又担心无法与学识渊博的老师、名人交往。（我）曾经跑到百里以外，捧着经书向同乡有道德有学问的前辈请教。

前辈德高望重，向他求教的学生挤满了屋子，他从不把言辞和脸色略变得温和一些。我站在旁边侍候着，提出疑难，询问道理，弯着身子，侧着耳朵，向他请教；有时遇到他斥责，我的表情更加恭顺，我的礼节更加周到，一句话也不敢多说；等到他高兴了，就又去请教。所以我虽然愚笨，但最终能够有所收获。

当余之从师也，负箧曳屣(xǐ)[①]行深山巨谷中。穷冬[②]烈风，大雪深数尺，足肤皲(jūn)裂[③]而不知。至舍[④]，四支[⑤]僵劲[⑥]不能动，媵(yìng)人[⑦]持汤沃灌[⑧]，以衾[⑨]拥覆，久而乃和。寓逆旅，主人日再食(sì)[⑩]，无鲜肥滋味之享。同舍生皆被(pī)绮绣[⑪]，戴朱缨[⑫]宝饰之帽，腰[⑬]白玉之环，左佩刀，右备容臭(xiù)[⑭]，烨(yè)然[⑮]若神人；余则缊(yùn)袍敝衣[⑯]处其间，略无慕艳[⑰]意。以中有足乐者，不知口体之奉不若人也[⑱]。盖[⑲]余之勤且艰若此。

① 负箧曳屣：背着书箱，拖着鞋子。

② 穷冬：深冬，隆冬。穷，极。

③ 皲裂：皮肤因寒冷干燥而开裂。

④ 舍：这里指客舍。

⑤ 支：同"肢"。

⑥ 僵劲：僵硬。

⑦ 媵人：侍婢。这里指旅舍中的仆役。

⑧ 持汤沃灌：拿着热水来洗濯。汤，热水。沃，浇。

⑨ 衾：被子。

⑩ 寓逆旅，主人日再食：寄居在旅店，店主人每天供给两顿饭。逆旅，旅店。食，供养，给……吃。

⑪ 被绮绣：穿着华丽的丝绸衣服。被，同"披"。绮，有花纹或图案的丝织品。绣，绣花的衣服。

⑫ 缨：系帽的带子。

⑬ 腰：用作动词在腰间佩戴。

⑭ 容臭：香袋。臭，香气。

⑮ 烨然：光彩鲜明的样子。

⑯ 缊袍敝衣：破旧的衣服。缊，乱麻。敝，破。

⑰ 慕艳：羡慕。

⑱ 以中有足乐者，不知口体之奉不若人也：因为内心有值得快乐的事，不觉得吃的穿的不如人。口体之奉，指吃穿的供给。

⑲ 盖：大概。

当我从师求学的时候，背着书箱，拖着鞋子，行走在深山大谷里，深冬季节，刮着猛烈的寒风，踏着几尺深的积雪，脚上的皮肤冻裂了都不知道。到了客舍，（我的）四肢僵硬不能动弹，旅舍中的仆役拿来热水给我洗手洗脚，把被子给我盖上，（我）很久才暖和过来。（我）寄居在旅店里，店主人每天供给两顿饭，没有新鲜肥美的东西可以享用。和我住在一起的同学，都穿着华丽的衣服，戴着红缨装饰而成的缀着珠宝的帽子，腰上系着白玉环，左边佩着刀，右边挂着香袋，光彩照人，像神仙一样。我却穿着破衣烂衫，生活在他们当中，（但）一点也不羡慕他们，因为心中有足以快乐的事，（所以）不觉得吃的穿的比不上其他的人。我求学时的勤奋和艰苦大概就像这样。

窦神解读

1. 关于"假"和"借"

"假"和"借"都是借的意思，这两个词在一起用依然是借的意思，这种词被称为偏意复合词。例如，"饥"和"饿"都有饿的意思（"饥"也有"灾荒"的意思），只是"饥"的程度浅，"饿"的程度深，"饥"和"饿"一起用也是饿的意思。又如，"疾"和"病"都是病的意思，只是"疾"要轻一些，"病"要重一些，但是这两个词一起用还是病的意思。

2. 加冠和及笄（jī）

古时候，男子二十岁成年，女子十五岁成年。男子在二十岁时行加冠礼，因此刚成年的男子又称弱冠。女子满十五岁就结发，用笄贯之，因而女子满十五岁称为及笄。

3. "逆旅"

"逆"有相反的意思，引申为"迎接"的意思。那"逆旅"是什么呢？"逆旅"是我国古代对旅舍的别称。"逆者，迎也"，旅舍是迎接旅客的地方，所以叫"逆旅"再合适不过了。苏轼有一句著名的诗"人生如逆旅，我亦是行人"。这句诗翻译过来就是"人生就是座旅舍，我也就是个行人。"它的大意是说人生就是一趟艰难的旅程，你我都是那匆匆过客，就如在不同的旅舍停了又走，走了又停。所以人不应为过往伤怀，而应豁达处世，不要徒增自己的烦恼。

4. 关于"寒"字

在金文中，"寒"字的外面是"宀"（mián），即房屋，中间是"人"，人的左右两边是四个"草"；下面两横表示"冰"。寒冷是一种感觉，人们虽能感觉到它，却看不见它。于是古人就采用上述四个形体构成了这个字，人在室内，以草避寒，表示天气很冷。这个字的本义就是寒冷，其程度比"凉"和"冷"更进一步，这在《列子·汤问》中有解释："凉是冷之始，寒是冷之极。"

| 金文 | 小篆 | 楷体 |

宋濂虽然对朱元璋很了解，但终究其功名利禄之心没有彻底断绝，晚年时他自己急流勇退却没有完全抽身，儿孙仍在朝为官，最终家破人亡。据说，退休后的宋濂似乎也明白了这一点，他对人说："若有意避远，并子孙亦杜仕籍，恐天威一振，全族皆沉。"可惜的是，他明白得太晚了，一切都来不及了。

必考必背

1. 天大寒，砚冰坚，手指不可屈伸，弗之怠。

2. 以中有足乐者，不知口体之奉不若人也。

 **真题演练**

　　阅读《送东阳马生序》，完成下列各题。（2020年青海省中考题）

1. 解释下列句中加点的字词。

　　①走送之，不敢稍逾约　　　　走：

　　②尝趋百里外　　　　　　　　趋：

　　③左佩刀，右备容臭　　　　　容臭：

　　④余则缊袍敝衣处其间　　　　缊：

2. 下面句子朗读节奏划分不正确的一项是（　　　）。

　　A. 余 / 幼时 / 即嗜学

　　B. 天 / 大寒，砚 / 冰坚，手指 / 不可屈伸

　　C. 余因 / 得遍 / 观群书

　　D. 既 / 加冠，益慕 / 圣贤之道

3. 用现代汉语翻译下列句子。

　　以中有足乐者，不知口体之奉不若人也。

　　_____

4. 作者为什么要写同舍生的奢华生活？

　　_____

5. 作者的求学经历给了你哪些启示？选择感触最深的两点谈谈你的感受。

　　_____

（答案见附录）

核舟记

——巧夺天工的袖珍艺术品

作品简介

名称：《核舟记》

出处：《虞初新志》

年代： 明

体裁： 散文（说明文）

作者简介

作者： 魏学洢（yī）

生卒： 约 1596—1625 年

籍贯： 嘉善（今浙江嘉兴）

成就： 文学家

作品：《茅檐集》

 **背景介绍**

文学背景

1.《虞初新志》

《核舟记》选自明末清初的《虞初新志》。《虞初新志》是一部由张潮编辑的、收集了明末清初大量文人的文章的笔记体小说文章集，其中以小说居多。《虞初新志》中的《核舟记》被选入部编版初中教材。虞初是汉朝的一个方士，后人把他奉为"小说家"的鼻祖，于是"虞初"也成了"小说"的代名词，所以张潮把这本小说集命名为《虞初新志》。

张潮是个什么样的人呢？张潮的父亲叫习孔，他考中进士当了官，正当习孔志得意满的时候，他的母亲去世了，所以他不得不停止做官，回到家乡给母亲守孝，这叫作"丁忧"。在古代，官员为去世的父亲守孝叫"丁父忧"，为去世的母亲守孝叫"丁母忧"。对官员来说，一旦"丁忧"，政治道路就会告一段落，等返回官场的时候很多事情都变了。所以，在古代，官员仕途如日中天的时候，最怕父母的身体不好，因为这不仅会让自己心痛，还可能影响自己的政治前途。习孔正是因为在丁母忧之后，在政治上完全失势，由此对做官失去了兴趣，后来闭门不出，专心教育自己的孩子。因为习孔考中过进士，做过大官，所以张潮的家庭条件是非常好的，尽管如此，张潮并没有染上纨绔子弟的坏习惯，他特别喜欢读书。张潮的家乡有很多有钱人看不起读书人，但是张潮却不然，他经常请读书人到家中畅谈，和这些人的关系都特别好。张潮的书房叫作"心斋"，所以他自称为"心斋主人"。虽然张潮一辈子都没有做过官，但是他的名气非常大，天下人都知道有这样一位编录、收录文章、诗歌的大家叫作张潮，即"心斋主人"。

2.《核舟记》中的"记"

本文题目中的"记"是一种文体。这种文体既可以记人和事，又可以记山川名胜，还可以记器物建筑，故又称"杂记"。

3. 微雕艺术

微雕作品是中国传统工艺美术中一种最为精细微小的工艺品。微雕艺术是集中华文化精华的袖珍艺术，是雕刻技法的一个分支。微雕一般指微细的圆雕、浮雕和透雕（镂空雕）等。微雕作品是凸出来的，立体感很强。微雕师可以在米粒大小的象牙片、竹片或头发丝上进行雕刻，雕刻出的作品的细节要用放大镜或显微镜才能看清，故微雕技法在历代都被称为"绝技"。

魏学洢生平

《核舟记》由张潮收录到《虞初新志》中，它的原作者是魏学洢。

微课扫一扫

魏学洢的父亲是一代名臣魏大中。魏学洢小时候就曾随父亲一起到帷萧寺苦读。魏学洢是范仲淹的忠实"粉丝"，所以他学习范仲淹日夜吟诵。魏学洢从小聪明灵慧，又努力读书，长大以后，他写的文章就传遍了乡里，他的才华也逐渐为人所知。

魏学洢生活的时代，正值晚明宦官横行。以魏大中善良耿直的性格，宫中那些拉帮结派、结党营私的事情，在他眼里就成了容不得的沙子。朝中魏忠贤等人结党营私，魏大中上书弹劾，不料遭到陷害，被捕入狱。看到父亲身陷囹圄（líng yǔ），魏学洢打心里着急，情急之下，他暗中随着押解父亲的槛车进京。到了京城以后，魏学洢四处拜访认识的人，想让他们施以援助之手，但是这些人要不就是害怕魏忠贤，不见他；要不就是见他以后长吁短叹，说自己也没有办法。魏学洢渐渐失望了，他甚至想上书为父亲替罪，可最后也没能实现。

最后，魏大中死在狱中。听到噩耗，魏学洢悲痛万分，嚎啕大哭。等一切收拾停当，魏学洢把父亲的棺椁（guǒ）运回老家下葬。因为悲伤过度，没过多长时间，魏学洢也去世了，年仅 29 岁天妒英才，这位充满才情的文学家就这样随风逝去了。

 文本解析

核舟记

明·魏学洢

扫码听音频

明有奇巧人①曰王叔远，能以②径寸之木③，为④宫室、器皿（mǐn）⑤、人物，以至鸟兽、木石，罔不因势象形⑥，各具情态。尝⑦贻（yí）⑧余核舟一，盖大苏泛赤壁云⑨。

① 奇巧人：指手艺奇妙精巧的人。

② 以：用。

③ 径寸之木：直径一寸的木头。径，直径。

④ 为：做。这里指雕刻。

⑤ 器皿：盛东西的日常用具。

⑥ 罔不因势象形：全都是就着（材料原来的）样子刻成（各种事物的）形象。罔不，无不、全部。因，顺着、就着。象，模拟。

⑦ 尝：曾经。

⑧ 贻：赠。

⑨ 盖大苏泛赤壁云：（刻的）是苏轼游赤壁的情景。大苏，即苏轼，后人习惯于用"大苏"和"小苏"来称呼苏轼和他的弟弟苏辙。泛，泛舟，乘船在水上游览。云，句末语气词。

明朝有个手艺特别精巧的人，名叫王叔远，（他）能够用直径不到一寸长的木头，雕刻出宫殿、器具、人物，以至飞鸟、走兽、树木、石头，没有一件不是就着（木头原来的样子）刻成某些东西的形象的，各有各的神情姿态。（他）曾经送给

我一个用果核雕成的小船，（刻的）是苏东坡泛舟游赤壁（的情景）。

舟首尾长约八分有奇（jī）^①，高可二黍许^②。中轩敞者为舱^③，箬（ruò）篷^④覆^⑤之。旁开小窗，左右各四，共八扇。启窗而观，雕栏相望^⑥焉。闭之，则右刻"山高月小，水落石出"，左刻"清风徐来，水波不兴"，石青糁（sǎn）之^⑦。

① 有奇：有余，多一点儿。奇，零数、余数。

② 高可二黍许：大约有两个黄米粒那么高。一说，古代一百粒黍排列起来的长度为一尺，因此一个黍粒的长度为一分，这里的"二黍许"即两分左右。

③ 中轩敞者为舱：中间高起而宽敞的部分是船舱。

④ 箬篷：用箬竹叶做的船篷。

⑤ 覆：覆盖。

⑥ 雕栏相望：雕刻着花纹的栏杆左右相对。

⑦ 石青糁之：意思是用石青涂在刻着字的凹处。石青，一种青翠色颜料。糁，用颜料等涂上。

小船从船头到船尾的长度为八分多点儿，高度为二分上下。中间高起而宽敞的是船舱，箬竹叶做的船篷覆盖着它。（船舱）旁边开着小窗，左右各四扇，一共八扇。推开窗户来看，雕刻着花纹的栏杆左右相对。关上它，就见右边刻着"山高月小，水落石出"，左边刻着"清风徐来，水波不兴"，这些字用石青涂染过。

船头坐三人，中峨冠①而多髯（rán）②者为东坡，佛印③居右，鲁直④居左。苏、黄共阅一手卷。东坡右手执⑤卷端⑥，左手抚⑦鲁直背。鲁直左手执卷末，右手指卷，如有所语。东坡现右足，鲁直现左足，各微侧，其两膝相比者⑧，各隐卷底衣褶中。佛印绝类弥勒⑨，袒胸露乳，矫首昂视⑩，神情与苏、黄不属⑪。卧右膝，诎（qū）⑫右臂支船，而竖其左膝，左臂挂念珠倚之⑬——珠可历历数⑭也。

① 峨冠：高高的帽子。峨，高。

② 髯：两腮的胡子，也泛指胡须。

③ 佛印（1032—1098年）：宋代名僧，苏轼的朋友。

④ 鲁直：宋代文学家黄庭坚（1045—1105年），字鲁直，苏轼的朋友。

⑤ 执：拿着。

⑥ 卷端：指手卷的右端。下文"卷末"，指手卷的左端。

⑦ 抚：轻按。

⑧ 其两膝相比者：他们的互相靠近的两膝。指东坡的左膝和鲁直的右膝。比，靠近。

⑨ 绝类弥勒：极像弥勒佛。类，像。弥勒，佛教菩萨之一，佛寺中常有他的塑像，袒胸露腹，笑容满面。

⑩ 矫首昂视：抬头仰望。矫，举。

⑪ 不属：不相类似。

⑫ 诎：同"屈"，弯曲。

⑬ 倚之：靠在左膝上。

⑭ 可历历数 ：可以清清楚楚地数出来。历历，分明的样子。

船头坐着三个人：中间（戴着）高高的帽子、（长着）浓密胡子的人是苏东坡，佛印坐在右边，黄鲁直坐在左边。苏东坡、黄鲁直共同看着一幅手卷。东坡右手拿着手卷的右端，左手抚着鲁直的背脊。鲁直左手拿着手卷的左端，右手指着手卷，好像在说些什么。东坡露出右脚，鲁直露出左脚，各自略微侧着身子，他们紧靠着的两膝，都隐蔽在手卷下面的衣褶里。佛印极像弥勒菩萨，敞胸露怀，抬头仰望，神情与苏、黄并不类似。（他）平放着右膝，弯着右臂支撑在船上，而竖起他的左膝，左臂挂着（一串）念珠挨着左膝——念珠可以清清楚楚地数出来。

舟尾横卧一楫①。楫左右舟子②各一人。居右者椎（zhuī）髻③仰面，左手倚一衡木，右手攀右趾，若啸呼状。居左者右手执蒲葵扇，左手抚炉，炉上有壶，其人视端容寂④，若听茶声然⑤。

① 楫：船桨。

② 舟子：撑船的人。

③ 椎髻：形状像椎的发髻。椎，敲击的器具，一端较大或呈球形。

④ 视端容寂：眼睛正视着（茶炉），神色平静。

⑤ 若听茶声然：好像在听茶水烧开了没有的样子。若……然，好像……的样子。

船尾横摆着一支船桨。船桨的左右两旁各有一个船工。在右边的船工梳着锥形发髻，仰着脸，左手靠着一根横木，右手扳着右脚趾头，好像在大声喊叫的样子。在左边的船工右手握着蒲葵扇，左手抚着火炉，炉上有个壶，那个人的眼睛正视着（茶炉），神色平静，好像在听茶水烧开了没有。

其船背稍夷①，则题②名其上，文曰"天启壬戌（rén xū）秋日，虞山王毅叔远甫③刻"，细若蚊足，钩画④了了⑤，其色墨⑥。又用篆（zhuàn）章一，文曰"初平山人"，其色丹。

① 夷：平。

② 题：题写。

③ 虞山王毅叔远甫：常熟人王毅字叔远。虞山，山名，在今江苏常熟西北，这里用来代指常熟。甫，男子美称，多附于字之后。

④ 钩画：笔画。

⑤ 了了：清楚明白。

⑥ 墨：黑。

那只船的顶部稍微平坦，上面刻着作者的题款名字，文字是"天启壬戌秋日，虞山王毅叔远甫刻"，（字迹）像蚊子的脚一样细小，笔画清楚明白，它的颜色是黑的。还刻着一个篆书的图章，文字是"初平山人"，它的颜色是朱红的。

通①计一舟，为人五；为窗八；为箬篷，为楫，为炉，为壶，为手卷，为念珠各一；对联、题名并篆文，为字共三十有②四。而计其长曾不盈寸③。盖简④桃核修狭⑤者为之。嘻，技亦灵怪矣哉！⑥

② 有：同"又"。

③ 曾不盈寸：竟然不满一寸。曾，竟然。盈，满。

④ 简：挑选。

⑤ 修狭：长而窄。

⑥ 技亦灵怪矣哉：技艺也真神奇啊！"矣"和"哉"连用，有加重惊叹语气的作用。

总计（在）一条船（上），刻了五个人，八扇窗；刻了竹篷、船桨、炉子、茶壶、手卷、念珠各一件；对联、题名和篆文，刻的字共三十四个。可是计算它的长度竟不满一寸。大概是挑选狭长的桃核刻成的。啊，技艺也真神奇啊！

窦神解读

1. 关于"因势象形"

因势象形说明雕者很会选材，很会因才施工。例如，这块木头有个疤，就用这个疤雕一个眼睛；这个桃核长得像船，就将它雕成一艘船。因势象形就是借着事物本来的样子雕刻出各种各样的形象，让事物呈现不同的姿态。

2. 大苏泛赤壁

"乌台诗案"后，苏轼被贬谪黄州期间，皇帝命令苏东坡"不得签署公事，不得擅去安置所"，也就是夺去了苏东坡的权力。元丰五年（1082 年），苏轼曾于七月十六和十月十五两次游赤壁，写下了两篇以"赤壁"为题的赋，后人称第一篇为《赤壁赋》，第二篇为《后赤壁赋》。

苏轼在官场失意的日子里，常常游览山水，写作诗歌，抒发自己的心情。有一次，他打听到长江边有个名胜古迹叫作赤壁，大为好奇，就在一个月光皎洁的夜里，约了几个朋友，乘着小船到赤壁去游览。

在那里，他想起三国时期曹操和周瑜大战的情景，触景生情，十分感慨。回来以后就写下了《赤壁赋》。苏轼是个博学多才的人，但是他在地理上出了一个不小的差错，原来黄州的"赤壁"并不是周瑜火烧曹军的地方。三国的赤壁在现在武汉的赤矶山，而苏轼游览的实际上是赤鼻矶。不过，黄州的"赤壁"却因为苏轼这一个差错出了名。后来人们为了纪念这位大文学家，就称它为"东坡赤壁"。

3. 黄庭坚

黄庭坚，字鲁直，是苏轼的好朋友，也是苏轼的学生，"苏门四学士"之一。"苏门四学士"包括黄庭坚、秦观、晁补之、张耒（lěi）。黄庭坚又和米芾、蔡襄、苏轼并称为北宋的"书法四大家"。

苏轼特别欣赏黄庭坚，甚至是苏轼在做官的时候，在想推荐一个人来接替自己的职位时，就推荐了黄庭坚。在推荐信中，苏轼对黄庭坚的评价极高："环伟之文，妙绝当世。"这句话就是说，在苏东坡看来，黄庭坚的诗文是绝妙的，超出一般人的水平。而后，又说："孝友之行，追配古人。"这是说黄庭坚的德行出众，可与古人相比。

4.关于"丹"字

"丹"是一个象形字。在"丹"的甲骨文字形中，外面的部分代表竹筒，里面的点代表朱砂，所以"丹"的本意就是朱砂，后来也用来表示红色的东西。

| 甲骨文 | 金文 | 小篆 | 楷书 |

 拓展升华

王叔远一生有很多微雕作品，但流传下来的很少，幸好魏学洢看到了王叔远雕刻的核舟，还依此作了《核舟记》。后人正是通过《核舟记》这一文章，才能一窥王叔远微雕作品的风采！

必考必背

1.罔不因势象形，各具情态。

2.则右刻"山高月小，水落石出"，左刻"清风徐来，水波不兴"。

真题演练

阅读《核舟记》，完成 1～3 题。（2019 年上海市长宁区中考一模考试题）

1. 本文的作者是＿＿＿＿＿＿（朝代）＿＿＿＿＿＿＿＿＿＿（人名）。

2. 用现代汉语翻译下面的句子。

罔不因势象形，各具情态。

_____

3. 下列对文章理解恰当的一项是（　　　）。

A. 第②段中写到"右刻'山高月小，水落石出'，左刻'清风徐来，水波不兴'"与前文"盖大苏泛赤壁云"一句语意相连

B. "舟首尾长约八分有奇，高可二黍许"采用了举例子和列数字的说明方法，准确地写出了核舟的体积之小

C. 作者在介绍核舟时，按照从上至下的空间顺序，介绍了核舟的船头、船舱、船尾、船背等各个部分

D. 全文结构可以概括为先总后分，先总述王叔远技艺奇巧，再细致描述核舟各个部分的特点

（答案见附录）

湖心亭看雪

——莫说相公痴，更有痴似相公者

 **作品简介**

名称：《湖心亭看雪》

出处：《陶庵梦忆》

年代：明末清初

体裁：散文

作者简介

作者：张岱，一名维城，字宗子，改字石公，号陶庵、六休居士等

生卒：1597—1689 年（有争议）

籍贯：山阴（今浙江绍兴）

成就：著名史学家、文学家，"浙东四大史家"之一，小品圣手

作品：《陶庵梦忆》《石匮书》《西湖梦寻》《夜航船》

背景介绍

张岱生平

1. 张岱的"字号"很多

张岱，1597年生于浙江山阴（今浙江绍兴），最初名维城，字宗子。他写过一本《石匮书》，所以也被人称作"石公"，于是他又字石公。张岱不但字很多，号也不少，陶庵、六休居士、蝶庵居士、古剑老人（一作古剑陶庵老人）、渴旦庐等都是他的号。张岱是明清之际著名的史学家、文学家。在史学方面，他与谈迁、万斯同、查继佐并称"浙东四大史家"。在文学方面，他的小品文成就最高，故而他被称为"小品圣手"。

2. 张岱的梦幻人生

张岱的家族是浙江有名的书香门第、官宦世家。他的曾祖父张元忭（biàn）是隆庆五年（1571年）的状元，高祖父和祖父也都是进士出身。张岱从小家境富裕，衣食无忧，而且才思敏捷，深受长辈喜爱，这使他养成了狂傲不羁的性格，很有魏晋名士的风度。

微课扫一扫

明朝灭亡之后，张岱的物质生活水平急转直下，他每天闭门著书，在此期间颇有文学成就。

3. 自比太史公，发奋著史

张岱五十岁左右时，国破家亡，生活非常凄惨。明朝灭亡第二年，张岱的好友祁彪佳殉国，张岱悲痛万分，本想以死殉节，但想到自己的《石匮书》还没成书，只好忍辱负重、四处流亡，以躲避贪官污吏对自己的敲诈勒索。他自比司马迁，发奋著史，《石匮书》的编写前后历时约五十年，在此期间，他"五易其稿，九正其讹"。全书一共有两百多卷，是一部考证翔实的史学著作。然而在顺治年间（1644—1661年），因生活艰难、食不果腹，张岱不得不把这部凝聚了他半生心血的《石匮书》以五百金的价格卖给了浙江的提督学政谷应泰。后来谷应泰编修《明史纪事本末》时，张岱也参与其中，他根据崇祯一朝的大量史料完成了记录明崇祯一朝和南明史事的《石匮书后集》。

时代背景

《湖心亭看雪》（收于《陶庵梦忆》），记叙的是崇祯五年（1632年）的事，但张岱创作这篇文章时明朝已经灭亡了。明朝灭亡后，张岱避居山中，专心著书，《陶庵梦忆》即为此时所作。

写作背景

张岱是明清之际颇有影响的文学兼史学大家，既有魏晋名士的风流，又有忧国忧民的士大夫情怀。《湖心亭看雪》是他创作的一篇精致的小品文，记叙了他在崇祯五年去西湖的湖心亭看雪的始末。实际上，他写完这篇文章应该是在明朝灭亡之后，所以这篇文章虽然是一篇写美景的游记，但描写得十分惨淡，读者不难从中体会出一丝淡淡的伤感。这篇游记反映的是张岱不与世俗同流合污的孤高品质及对故国的深切思念。

 **文本解析**

扫码听音频

湖心亭看雪

清·张岱

崇祯五年^①十二月，余住西湖。大雪三日，湖中人鸟声俱^②绝。是^③日更（gēng）定^④矣，余挐（ná）一小舟，拥毳（cuì）衣炉火^⑤，独往湖心亭看雪。雾凇（sōng）沆砀（hàng dàng）^⑥，天与云与山与水，上下一白^⑦。湖上影子，惟^⑧长堤一痕、湖心亭一点、与余舟一芥（jiè）^⑨、舟中人两三粒而已。

① 崇祯五年：公元1632年。崇祯，明思宗朱由检年号（1628—1644年）。

② 俱：全部。

③ 是：这。

④ 更定：晚上八时左右。更，古代夜间的计时单位，一夜分为五更，每更约两小时。旧时每晚八时左右，打鼓报告初更开始，称为"更定"。

⑤ 拥毳衣炉火：裹着裘皮衣服，围着火炉。拥，裹、围。毳，鸟兽的细毛。

⑥ 雾凇沆砀：冰花周围弥漫着白汽。雾凇，天气寒冷时，雾冻结在树木的枝叶上形成的白色松散冰晶。沆砀，白汽弥漫

的样子。

⑦ 一白：全白。

⑧ 惟：只有。

⑨ 芥：细小。

明崇祯五年十二月，我正住在西湖边。连续下了三天大雪，西湖中行人、飞鸟的声音全都消失了。这一天，初更刚定，我乘坐着一条小船，裹着裘皮衣服，围着火炉，独自前往湖心亭看雪。（湖上）冰花周围弥漫着白汽，天空与云、与山峦、与湖水，浑然一体，白茫茫一片。湖上物影，只有长堤的一道痕迹、湖心亭的一点、我的一叶小舟、船上两三个看起来只有米粒大小的人影罢了。

到亭上，有两人铺毡（zhān）① 对坐，一童子烧酒炉正沸。见余大喜曰："湖中焉得更有此人② ！"拉余同饮。余强（qiǎng）③ 饮三大白④ 而别⑤ 。问其姓氏，是金陵人，客此⑥ 。及⑦ 下船，舟子⑧ 喃喃⑨ 曰："莫说相公⑩ 痴，更有痴似相公者！"

① 毡：指毡垫，用动物毛做成的垫子。

② 焉得更有此人：哪能还有这样的人呢！意思是想不到还会有这样的人。焉得，哪能。更，还。

③ 强：尽力，勉强。

④ 白：酒杯，古人罚酒时用的酒杯。

⑤ 别：告别。

⑥ 客此：客居此地。

⑦ 及：等到。

⑧ 舟子：船夫。

⑨ 喃喃：连续不断地小声说话，自言自语。

⑩ 相公：旧时对士人的尊称。

来到湖心亭，看见有两个人铺着毡子，相对而坐，一个童子正把酒炉里的酒烧得滚沸。（他们）见到我非常高兴地说："在湖中怎么还能碰上（您）这样（有闲情雅致）的人呢！"（他们）拉着我一起喝酒。我勉强喝下三大杯然后（和他们）道别。（我）问他们的姓名，得知他们是金陵人，在此地客居。等到（回来）下了船，船夫自言自语地说："不要说相公您痴狂，还有比相公更痴狂的人呢！"

 窭神解读

1. 崇祯年号

明朝自太祖朱元璋开始，大多是一帝一号，只有明英宗例外，拥有两个年号，分别是正统、天顺。所以从明朝开始，人们习惯用年号来称呼皇帝。崇祯是明朝最后一个皇帝朱由检的年号。

崇祯五年是 1632 年，但这篇文章并不是张岱 1632 年游览西湖回来之后立即写就的，而是在 1644 年明朝灭亡之后写成的，是他对当时去湖心亭看雪的回忆。张岱写这篇文章的时候已处清朝，写文章应该用清朝的年号，也就是应该用皇太极的年号"天聪六年"（1632 年），但张岱故意用崇祯的年号纪年，这是因为他想表达自己对故国的怀念。就像清朝灭亡之后，有"遗老"还坚持用清朝的宣统年号纪年一样。

所以读者在翻译的时候，为了凸显张岱对故国的思念，第一句可以翻译为"明崇祯五年"，而不要翻译成"1632年"。

2. "是日更定矣"中的"更"

打更是中国古代民间普遍流行的一种夜间报时制度。在古代，人们缺少精确的报时手段，一般而言，晚上的报时全靠打更，因此产生了一种专门巡夜报时的职业——更夫，俗称"打更的"。一夜分为五更，有的版本说每更约两小时，"更定"指的就是晚上八点左右。

3. 烧酒

古代文人喝酒不像现在这样，将酒瓶打开就直接喝，他们喝酒很讲究意境，很有仪式感，大多是温热了再喝，商周时期的温酒器皿就是有力的证明。

那么酒为什么要温了再喝呢？因为古人认为喝冷酒对身体不好。这一点确实是有科学依据的，酒中除乙醇外，还含有甲醇、杂醇油、糠醛（quán）、丁醛、铅等有害物质。甲醇对视力有害，十毫升甲醇就可以致人失明，摄入得再多一些就会危及人的生命。不过甲醇的沸点是64.7摄氏度，比乙醇的沸点低一些，用沸水或微火加热，它就很容易挥发。经过加热，酒中的有害成分就减少了，对人体的损害就没有那么大了。当然，酒的温度也不能太高，如果乙醇挥发得太多，再好的酒也会变得没味道。

4. 莫说相公痴

张岱曾说："人无癖不可与交，以其无深情也；人无疵不可与交，以其无真气也。"这句话的意思是，一个人没有癖好，就不可以和他深交，因为他没有深情、没有对一件事物的热爱；一个人没有瑕疵，也不可以和他深交，因为他没有"真气"，不够率真。

在生活中确实是这样，有些各方面都十分优秀的人，很少有真正的朋友，他们为了维持这种优秀，往往要舍弃很多东西，如兴趣、友情，还要时刻注意个人举止和情绪。与这种人交往的距离感很强，交往过程往往会让人感到压抑。相反，人们特别喜欢与那些性格鲜明的人交往，因为他们能够给人真实感和亲切感，所以他们的朋友大多比较多。

拓展升华

洪承畴本是明朝的优秀将领，在平定李自成领导的起义中立下了赫赫战功。在对抗清朝的松锦之战中，洪承畴受到兵部尚书陈新甲掣肘，自己的战略构想不能实现，加上那时的明王朝已经十分腐败，百姓纷纷起义，将士也深感失望，多重原因导致了松锦战役失败，洪承畴自己也被清军所俘。被俘之后，洪承畴拒绝了清朝的种种优待，绝食以示气节。皇太极十分佩服洪承畴的军事才能，对他百般礼遇，费尽口舌终于劝降了洪承畴。洪承畴提出"以抚为主，以剿为辅"的进军策略，避免了很多流血战争。同时，洪承畴建议满人"习汉文，晓汉语"，了解汉人礼俗，他的建议对文化的传播与融合起到了积极作用，也淡化了满汉的文化差距与民族仇隙。

而史可法在扬州守城时，明知兵力悬殊，依然誓死抗争，决不投降。结果扬州城破后遭到了清军疯狂的报复，城内百姓被屠数十万人。

对黄道周的那副对联"史笔流芳，虽未成功终可法；洪恩浩荡，不能报国反成仇"，你如何看待呢？

📚 必考必背

1.雾凇沆砀，天与云与山与水，上下一白。

2.湖上影子，惟长堤一痕、湖心亭一点、与余舟一芥、舟中人两三粒而已。

📚 真题演练

阅读《湖心亭看雪》，回答 1～2 题。（2020 年山东省德州市中考题）

崇祯五年十二月，余住西湖。大雪三日，湖中人鸟声俱绝。是日更定矣，余挐一小舟，拥毳衣炉火，独往湖心亭看雪。雾凇沆砀，天与云与山与水，上下一白。湖上影子，惟长堤一痕，湖心亭一点、与余舟一芥、舟中人两三粒而已。

1. 解释下面加点的词。

（1）湖中人鸟声俱绝（　　　　　）

（2）雾凇沆砀（　　　　　）

2. 面线句子描写很有特点，请做具体分析。

_____

（答案见附录）

口 技

——巧口一开，吐纳世间千音百转

 作品简介

名称：《口技》

出处：《虞初新志》

年代：清

体裁：散文

 作者简介

作者：林嗣环，字铁崖，号
起八

生卒：1607—约 1662 年

籍贯：福建晋江（今福建泉州）

成就：著名文学家

作品：《铁崖文集》《荔枝话》

 背景介绍

时代背景

1. 中国民间技艺

古往今来，中国传统民间技艺一直十分丰富。社会底层的人不少会从事杂耍，如果没有掌握一道绝活，可能就无法生存下去，所以卖艺人基本上都有绝活。据说清末到民国时期，北京有"天桥八大怪"，他们中有的人会用手指碎石，

微课扫一扫

有的身体残缺但可以用食指和中指这两根指头杵着单杠倒立等。还有一位非常神奇的老爷子，他可以让蛤蟆和蚂蚁听他的话，控制它们表演。他说："上课了！"一只大蛤蟆就会跳出来（它

是老师），老爷子又喊道："学生就位！"八只小蛤蟆就会一个个跳过来排成整齐的两排。蛤蟆表演完了，蚂蚁就来表演站队，两种颜色不一样的蚂蚁，混在一块儿能自动分成两队。蚂蚁和蛤蟆都听这位老人的，不可谓不神奇。

2. 口技艺术

《口技》一文描写的是一场口技表演。口技是指表演者们用嘴、舌、喉、鼻等发声器官来模仿各种声音。古代的口技艺人大多是穷苦百姓，迫于生计，他们从小苦练功夫，练就一身绝技，并以此为生。简单的口技表演可以模仿各种动物、人物的声音，复杂的口技表演就像这篇《口技》中描述的一样，可以用不同的声音创造一个或者几个场景。

林嗣环生平

林嗣环，字铁崖，明末清初福建晋江人，清朝顺治六年（1649 年）中了进士，做过广东学政。

学政是什么官呢？学政是一个省的科举主考官，各省学政并无固定品级，若以侍郎而授学政者即为从二品，以郎中授学政者即为正五品。学政必须是两榜进士出身的人才可以担任，所以学政是一个很特殊的官职。而且学政一般只能做三年，三年期满，不得连任，会被调走。学政的待遇非常高，权力也比较大。

林嗣环还有一些作品收录在《铁崖文集》里，我们学的这一篇《口技》一般认为是他的作品。

 **文本解析**

口 技

清·林嗣环

扫码听音频

　　京中有善^①口技者。会^②宾客大宴^③，于厅事^④之东北角，施^⑤八尺屏障，口技人坐屏障中，一桌、一椅、一扇、一抚尺而已^⑥。众宾团^⑦坐。少顷^⑧，但^⑨闻屏障中抚尺一下，满坐寂然^⑩，无敢哗者。

① 善：擅长。

② 会：适逢。

③ 宴：举行宴会。

④ 厅事：厅堂。

⑤ 施：设置，安放。

⑥ 而已：罢了。

⑦ 团：围绕。

⑧ 少顷：一会儿。

⑨ 但：只。

⑩ 寂然：静悄悄的样子。

　　京城里有一个善于表演口技的人。一天，正好碰上有一家人大摆酒席请客，在客厅的东北角上安放了一个八尺宽的帷幕，这位表演口技的艺人坐在帷幕中，里面只放了一张桌子、一把椅子、一把扇子、一块醒木罢了。客人们围坐在一起。过了一会儿，只听见帷幕里醒木一拍，全场都安静下来，没有一个人敢大声说话。

遥闻深巷中犬吠，便有妇人惊觉（jué）①欠伸②，其夫呓语③。既而④儿醒，大啼。夫亦醒。妇抚儿乳⑤，儿含乳⑥啼，妇拍而呜⑦之。又一大儿醒，絮絮⑧不止。当是时⑨，妇手拍儿声，口中呜声，儿含乳啼声，大儿初醒声，夫叱（chì）⑩大儿声，一时齐发，众妙毕备。满坐宾客无不伸颈，侧目⑪，微笑，默叹⑫，以为妙绝。

① 觉：醒来。

② 欠伸：打呵欠，伸懒腰。

③ 呓语：说梦话。

④ 既而：不久。

⑤ 乳：喂奶，这里用作动词。

⑥ 乳：乳头，这里用作名词。

⑦ 呜：呜呜地哼唱。

⑧ 絮絮：连续不断地说话。

⑨ 当是时：正在这时候。

⑩ 叱：大声呵斥。

⑪ 侧目：偏着头看，形容听得入神。

⑫ 默叹：默默地赞叹。

只听到远远的深巷里（传来）一阵狗叫声，有一个妇人被惊醒，打着呵欠，伸着懒腰，她的丈夫说着梦话。一会儿小孩醒了，大哭。丈夫也被吵醒了。妇人拍着孩子，给他喂奶，孩子口里含着乳头还是哭，妇人一面拍孩子一面呜呜地哼唱着哄他睡觉，大儿子也醒了，唠唠叨叨地说个不停。正在这时候，妇人用手拍小儿子的声音，口中呜呜哼唱的声音，小儿子含着乳头啼哭的声音，大儿子刚刚醒来的声音，丈夫呵斥大儿子的声音，同时响了起来，各种声音都表演得惟妙惟肖。全场客人没有一个不伸长脖子，偏着头凝神听着，微笑着，默默赞叹着，认为妙极了。

　　未几（jǐ）①，夫齁（hōu）声②起，妇拍儿亦渐拍渐止。微③闻有鼠作作索索，盆器倾侧④，妇梦中咳嗽。宾客意⑤少（shāo）舒⑥，稍稍⑦正坐。

① 未几：不久。

② 齁声：打鼾（hān）声。

③ 微：隐隐地。

④ 倾侧：翻倒倾斜。

⑤ 意：心情。

⑥ 少舒：稍微舒展。

⑦ 稍稍：渐渐地。

　　不久，丈夫的打鼾声响了起来，妇人拍孩子的声音也渐渐地拍一会儿停一会儿。隐隐听到老鼠窸窸窣窣的声音，碗盆等器物倾斜打翻的声音，妇人在梦中咳嗽的声音。客人听到这里，心情稍微放松了，身子渐渐坐正了。

　　忽一人大呼："火起"，夫起大呼，妇亦起大呼。两儿齐哭。俄而①百千②人大呼，百千儿哭，百千犬吠。中间（jiàn）③

力拉崩倒之声，火爆声，呼呼风声，百千齐作④；又夹百千求救声，曳⑤屋许许（hǔ）⑥声，抢夺声，泼水声。凡所应有，无所不有。虽⑦人有百手，手有百指⑧，不能指⑨其一端；人有百口，口有百舌，不能名⑩其一处也。于是宾客无不变色离席，奋⑪袖出臂，两股⑫战战⑬，几（jī）⑭欲先走⑮。

① 俄而：霎时。

② 百千：很多，表约数。

③ 中间：其中夹杂。

④ 齐作：一起发出。

⑤ 曳：拉。

⑥ 许许：拟声词，呼喊声。

⑦ 虽：即使。

⑧ 指：手指，这里用作名词。

⑨ 指：指出，这里用作动词。

⑩ 名：说出。

⑪ 奋：举起。

⑫ 股：大腿。

⑬ 战战：打哆嗦。

⑭ 几：几乎。

⑮ 走：跑。

忽然有一个人大声喊道："失火啦！"丈夫起来大叫，妻子也起来大叫。两个孩子一起哭了起来。霎（shà）时间，成百上千的人喊起来，成百上千的小孩子哭了起来。成百上千的狗叫了起来。中间夹杂着噼里啪啦房屋倒塌的声音，烈火燃烧而发出的爆裂声，呼呼的风声，千百种声音一起响了起来；还夹杂着成百上千人的求救声，（救火的人们）拉倒燃烧着的房子时一起用力发出的呼喊声，在火中抢救物件的声音，泼水的声音，凡是应该有的声音，没有一样没有。即使一个人有上百只手，一只手有上百根手指，也不能明确指出哪一种声音来；即使一个人有上百张嘴，一张嘴有上百条舌头，也不能说出其中的一个地方来。在这种情况下，客人没有一个不吓得变了脸色，离开座位，扬起衣袖，露出手臂，两腿打哆嗦，几乎都争先恐后地想逃跑。

忽然抚尺一下，群响毕绝①。撤屏视之，一人、一桌、一椅、一扇、一抚尺而已。

① 毕绝：全部停止。

忽然醒木一拍，各种声音全都消失了。撤掉屏风一看里面，仍只有一个人、一张桌子、一把椅子、一把扇子、一块醒木罢了。

 窦神解读

1. "会宾客大宴"

古代的口技艺人大多是穷苦百姓。迫于生计，他们从小苦练功夫，练就一身绝技，并以此为生，所以他们基本上都是"日光族"，今天不知明天的生活如何。因此可以推测，文章中说"会宾客大宴"并不是口技艺人请客。这位请客的人一定是一个有钱人，他请很多客人来吃饭的同时请了口技艺人表演助兴。

2. 醒木

醒木也叫响木、抚尺，是一块长方形的小硬木块，尺寸不一，一般长约一寸（一寸约为三厘米又三十三毫米），宽约半寸。醒木上面抹边，共有二十条边线、十个平面。放在桌上时，醒木外露九个平面，所以也叫"九方"。醒木对材质的要求很高，必须用材质比较好的木头制作，如酸枝木、黄花梨、檀木等，这样醒木敲出来的声音才会非常清晰。醒木在衙门里被叫作"惊堂木"，而皇帝上朝用的醒木叫"镇山河"。说书先生、口技表演者一般一拍醒木，听众便不再说话，故事也就开始了。

3. 表示时间短暂的词

这篇文章中出现了很多文言文常用的表示时间短暂的词语，如"少顷""既而""未几"等，它们的意思都是"一会儿""过了一会儿"，大家可以积累下来。

4. 关于"善"字

"善"的字形中有"羊"的形状，而"羊"象征着吉祥，因此"善"字的本义有吉祥的意思，后来引申为形容词"美好、善良"和动词"擅长"。

金文　　　　　　小篆　　　　　　楷体

 **拓展升华**

口技是我国一种古老的民间技艺，但是今天几乎再也没有民间艺人能够重现《口技》这篇文章里描写的那种惊人情形了。其实不仅仅是口技，还有很多其他民间技艺都没有好好地传承、保留下来，不得不说这真是非常遗憾的事情。

 必考必背

1. 虽人有百手，手有百指，不能指其一端；人有百口，口有百舌，不能名其一处也。

2. 于是宾客无不变色离席，奋袖出臂，两股战战，几欲先走。

 **真题演练**

阅读《口技》，完成 1～3 题。(2018 年四川省凉山州中考题）

1. 下列对加点词语的解释错误的一项是（　　）。

　A. 无敢哗者：喧哗

　B. 既而儿醒，大啼：不久，紧接着

　C. 妇抚儿乳，儿含乳啼：乳房

　D. 虽人有百手，手有百指：即使

2. 下列说法有误的一项是（　　）。

　A. "少顷""未几""俄而"这三个词语都表示时间极短

　B. 文中口技表演者模拟的三个场面是：一家四口由睡到醒，由醒到睡，失火救火

C. 文中前后两次交代了极简单的道具，这在结构上叫作首尾呼应

D. 文章采用正面描写的表现手法，用观众的反应来表现口技艺人高超的技艺

3. 翻译下面的句子。

宾客意少舒，稍稍正坐。

_____

（答案见附录）

狼

——茶余饭后的奇闻怪谈

📘 作品简介

名称：《狼》

出处：《聊斋志异》

年代：清

体裁：短篇小说

📘 作者简介

作者：蒲松龄，字留仙，一字剑臣，别号柳泉居士，世称聊斋先生，自称异史氏

生卒：1640—1715 年

籍贯：淄川（今属山东淄博）

成就：著名文学家，优秀的短篇小说家

作品：《聊斋志异》

 背景介绍

微课扫一扫

蒲松龄生平

蒲松龄，字留仙，一字剑臣，别号柳泉居士，世称聊斋先生，自称异史氏，是清代杰出的文学家、优秀的短篇小说家。蒲松龄享年七十五岁，在当时那个年代算是很高寿了，但是参加科举考试就占用了他大半生的时间。他十九岁的时候连中三元，但只是个小三元，也就是县、府、道三试都考了第一，仅获得了参加真正意义上的科举考试的资格。大三元的乡试第一称为解元，会试第一称为会元，殿试第一称为状元，这个就非常厉害了，因为在历史上达成大三元成就的人寥寥无几。秀才是科举考试中最低的功名，成为秀才的人无法从根本上改变自己的社会地位。像《儒林外史》中的范进，哪怕是考中了秀才也天天被自己的岳父骂"尖嘴猴腮"，家里穷到没有一粒米下锅，母亲饿得两眼昏花。但是中了举人之后，所有人都对他另眼相看，连岳父都叫他"天上的星宿"，范进自己更是高兴得发了疯。

录取蒲松龄的是山东学政施闰章。学政就是由朝廷委派到各省主持科举考试并督察各地学官和生员的官员。施闰章这样评价蒲松龄的考场作文："首艺空中闻异香，下笔如有神，将一时富贵丑态，毕露于二字之上，直足以维风移俗。次观书如月，运笔如风，又掉臂游行之乐。"意思是说蒲松龄把人们那种追名逐利的丑态写得非常绝妙，然后施闰章大笔一挥，定蒲松龄为秀才第一名！这几乎是蒲松龄一生最得意的时候。之后蒲

松龄一直卡在乡试环节，考了五十多年，仍然只是个秀才。到了四十多岁时，蒲松龄被补为廪（lǐn）生，虽然他还是个秀才，但是朝廷每个月会给他一定的钱，补贴他的生活，这笔钱相当于现在的国家助学金。廪生也很不容易考，根据朝廷制度，一个省的学政官员任期三年，学政官员一到，就先把秀才们组织起来考试，这叫作岁试，岁试成绩达到一等才可以成为廪生。那么，考到了一等是不是就一定能成为廪生呢？也不是。因为廪生是有名额限制的，考了一等，还要等原来的廪生空出了名额，才可以补为廪生。所以蒲松龄考中秀才之后，考了很多次一等，却等了将近二十年，才成为廪生。

蒲松龄的一生几乎都在考试，中间有几十年，他在一个乡村里当家庭教师。雇他的东家家里条件很好，住宅里有竹林，有泉水，非常优雅，还有很多藏书。科举考试接连不断的失败，再加上东家家庭环境的陶冶，使蒲松龄产生了编写《聊斋志异》的想法。在后来的许多年中，他都辗转于本县各乡绅（shēn）之家，或做私塾老师，或誊抄文稿，以养家糊口。可是那微薄的薪水与一家人的开销相比实在太少了，妻子也常常因为贫穷而担忧生计。他还写了一篇《除日祭穷神文》，说："穷神，穷神，我与你有何亲？兴腾腾的门儿你不去寻，偏把我的门儿进？……你为何步步把我跟，时时不离身，鳔粘胶合，却像个缠热了的情人？"他抱怨穷神一直跟着自己，甩都甩不掉，语言似乎很诙谐，但联想他这一生，辛酸之情溢于言表。蒲松龄就是在这样艰苦的生活环境下完成了我国古代成就最高的一部笔记体传奇志怪文言短篇小说集——《聊斋志异》。据说蒲松龄在写这本

狼

书时，每天早上都要带一个大壶，里面装有凉茶，再带上点心一类的东西到村头巷尾，看到有人走过，就一定会把人拉过来请他讲讲奇闻逸事，渴了就让他喝茶，或是给他点心吃，蒲松龄回去后再对这些材料整理加工。而当时的蒲松龄可是时常穷得连饭都吃不上，却能如此执着地坚持二十多年来编写这部伟大的文学著作，这不得不让人钦佩。

文学背景

1. 清代小说

蒲松龄在自己的《聊斋志异》里称自己为"异史氏"，因为司马迁在《史记》里面把自己称为太史公，《史记》是正史，而《聊斋志异》写的大多是神鬼故事，连野史都不算，只好叫作"异史"了。当时的文人还对这个社会抱有幻想，认为只要改良，就可以让这个社会走上公平和谐的道路，所以清代就出现了四大讽刺小说：《聊斋志异》《儒林外史》《镜花缘》《鸳鸯针》。到了清末，文字狱的打击使得文人对这个社会感到彻底绝望。就像老舍在《茶馆》里写的那句台词一样："改良改良，越改越凉。"所以在清末又出现了四大谴责小说：《官场现形记》《老残游记》《二十年目睹之怪现状》《孽海花》。

2.《聊斋志异》

《聊斋志异》简称《聊斋》，俗名《鬼狐传》。"聊斋"是蒲松龄的书房，"聊"是指聊以慰藉的意思，蒲松龄参加科举考试总考不上，只好读书著述来安慰自己。"志"就是记录，"异"

就是怪人怪事。全书共有短篇小说约五百篇，塑造了聂小倩、宁采臣、辛十四娘等经典人物形象，意在揭露封建统治的黑暗，或抨击科举制度的腐朽，或反抗封建礼教的束缚，具有丰富而深刻的思想内涵。

 **文本解析**

狼

清·蒲松龄

扫码听音频

一屠①晚归，担中肉尽，止②有剩骨。途中两狼，缀（zhuì）行甚远③。

① 屠：屠户。

② 止：仅，只。

③ 缀行甚远：紧跟着走了很远。缀，连接、紧跟。

一个屠户晚上回家，担子里的肉卖完了，只有剩下的骨头。路上有两只狼，紧随着（屠户）走了很远。

屠惧，投以骨①。一狼得骨止②，一狼仍从③。复投之，后狼止而前狼又至。骨已尽矣，而两狼之并驱如故④。

① 投以骨：把骨头投给狼。

② 止：停止。

③ 从：跟从。

④ 两狼之并驱如故：两只狼像原来一样一起追赶。并，一

起。驱，追随、追赶。如故，跟原来一样。

屠户害怕，把骨头投给狼。一只狼得到骨头停止了，另一只狼仍然跟从他。屠户又把骨头投给它，后面得到骨头的狼停住了脚步，但是之前得到骨头的狼又跟上来了。骨头已经没有了，但是两只狼像原来一样一起追赶。

屠大窘（jiǒng）①，恐前后受其敌②。顾③野有麦场，场主积薪④其中，苫（shàn）蔽成丘⑤。屠乃奔倚其下，弛⑥担持刀。狼不敢前，眈（dān）眈相向⑦。

① 窘：处境困迫，为难。

② 受其敌：遭受它们的攻击。

③ 顾：看，视。

④ 积薪：堆积柴草。

⑤ 苫蔽成丘：覆盖成小山一样。苫蔽，覆盖、遮盖。

⑥ 弛：解除，卸下。

⑦ 眈眈相向：瞪眼朝着屠户。眈眈，凶狠注视的样子。

屠户的处境很困迫，担心前后受到狼的攻击。屠户看见田野中有个麦场，场主在里面堆积柴草，覆盖成小山似的。屠户于是奔向麦场，倚靠在柴草堆下，卸下担子拿着刀。狼不敢上前，瞪眼朝着屠户。

少（shǎo）时①，一狼径去②，其一犬坐于前③。久之④，目似瞑（míng）⑤，意暇甚⑥。屠暴⑦起，以刀劈狼首，又数刀毙[8]之。方欲行，转视积薪后，一狼洞其中[9]，意将隧入[10]以攻其后也。身已半入，止露尻[11]（kāo）尾。屠自后断其股，亦毙之。乃悟前狼假寐[12]，盖[13]以诱敌。

① 少时：一会儿。

② 径去：径直离开。径，径直。

③ 犬坐于前：像狗似的蹲坐在前面。

④ 久之：时间长了。

⑤ 瞑：闭上眼睛。

⑥ 意暇甚：神情很悠闲。意，这里指神情、态度。暇，从容、悠闲。

⑦ 暴：突然。

⑧ 毙：杀死。

⑨ 洞其中：在积薪中打洞。洞，洞穴，这里用作动词，指挖洞。

⑩ 隧入：从通道进入。隧，通道，在这里作状语，"从通道"的意思。

⑪ 尻：屁股。

⑫ 假寐：假装睡觉。寐，睡觉。

⑬ 盖：表示推测，大概，原来是。

一会儿，一只狼径直离开，其中一只狼像狗一样蹲坐在前面。过了一会儿，狼的眼睛好像闭上了，神情很悠闲。屠户突然起身，用刀劈砍狼的头，又劈砍几刀杀死了狼。（屠户）正想走，转身看柴草堆后面，一只狼在其中打洞，想要钻洞进入柴草堆从屠户身后攻击。狼的身体已经钻进一半了，只露出屁股和尾巴。屠户从后面砍断狼的大腿，也杀死了这只狼。屠户才明白之前的狼假装睡觉，原来是（为了）迷惑敌人。

狼亦黠（xiá）^①矣，而顷刻^②两毙，禽兽之变诈几何哉^③？止增笑耳^④。

① 黠：狡猾。

② 顷刻：一会儿。

③ 禽兽之变诈几何哉：禽兽的诡诈手段能有多少啊。变诈，巧变诡诈。几何，多少，意思是能有多少。

④ 止增笑耳：只是增加笑料罢了。

狼也是狡猾的动物，但是一会儿两只狼都被杀死了，禽兽的诡诈手段能有多少啊？只是增加笑料罢了。

窦神解读

狼是一种非常聪明的动物，而且十分讲究战术。它能够辨别出男人和女人。对力量较小的女人和儿童，狼群下手会比较干脆利落。而对那些拿着棍棒刀具的成年男性，狼群会格外小心谨慎，运用战术取胜。特别是生活在村庄周围的狼，非常善于与人斗智斗勇。农村有句俗语："狗怕弯腰狼怕蹲。"这句话的意思是遇到恶狗，你弯下腰狗就会害怕，它以为你要捡石头砸它；而遇到狼，你只要蹲下就行，蹲下是发起攻击的信号。你越是跑，狼越是觉得你弱。相反，要是与它搏斗，它反而会害怕。由此可见，狼的心理战术有多么可怕。

 **拓展升华**

屠户投骨头的时候，两只狼的反应也很引人深思。两只狼并没有为了既得利益大打出手，而是"一狼得骨止，一狼仍从。复投之，后狼止而前狼又至。"直至屠户的骨头都丢尽了，两只狼也没有为争抢食物而自乱阵脚。而在现实生活中，为了蝇头小利反目成仇的人和事实在太多，禽兽的诡变狡猾固然不如人类，但人类在智力进化的同时，往往也会产生一些道德问题。从这个角度来看，狼的这种团结协作精神，也很值得我们学习和思考。

 **必考必背**

禽兽之变诈几何哉？止增笑耳。

 **真题演练**

阅读《狼》，完成 1～5 题。（2012 年江西省南昌市中考题）

狼

一屠晚归，担中肉尽，止有剩骨。途中两狼，缀行甚远。

屠惧，投以骨。一狼得骨止，一狼仍从。复投之，后狼止而前狼又至。骨已尽矣，而两狼之并驱如故。

屠大窘，恐前后受其敌。顾野有麦场，场主积薪其中，苫蔽成丘。屠乃奔倚其下，弛担持刀。狼不敢前，眈眈相向。

少时，一狼径去，其一犬坐于前。久之，目似瞑，意眈甚。屠暴起，以刀劈狼首，又数刀毙之。方欲行，转视积薪后，一狼洞其中，意将隧入以攻其后也。身已半入，止露尻尾。屠自后断其股，亦毙之。乃悟前狼假寐，盖以诱敌。

狼亦黠矣，而顷刻两毙，禽兽之变诈几何哉？止增笑耳。

1. 对下列句子朗读节奏划分正确的一项是（   ）。

其一犬坐于前

   A. 其一犬 / 坐于前　　　　　B. 其一 / 犬坐于前

   C. 其 / 一犬坐于前　　　　　D. 其一犬坐 / 于前

2. 解释文中加点词语的意思。

   （1）恐前后受其敌　　　敌（　　　　　　）

   （2）屠自后断其股　　　股（　　　　　　）

3. 翻译下列句子。

   骨已尽矣，而两狼之并驱如故。

   _____

4. 在与狼的较量中，"屠户"的心理和行动前后发生了怎样的变化？

   _____

5. 概括狼的形象，并说说这则故事讽喻了什么？

   _____

（答案见附录）

附录 真题演练答案

马说

1. C

2. B

3.（1）千里马，有时能吃一石谷子。（2）想要和普通的马一样像且不能够，又怎么能让它日行千里呢？（意思正确、语言通顺即可。）

师说

1. B

2. A

3.（1）人不是生下来就懂得（明白）道理的，谁能没有疑惑？

（2）因此，学生不一定不如老师，老师不一定比学生有德行有才能。

4. 示例一：我认同这种观点，因为互联网拓宽了教育渠道，丰富了教育资源，改变了教学方式。学生一"键"在手，学海任游；足不出户，"名师"任求。学习更便捷、高效。所以教师"传道受业解惑"的作用不再重要。

示例二：我不认同这种观点，因为即使在"互联网＋教育"时代，学校依然是育人的主战场，课堂仍然是学习的主阵地，教师依然是教学的组织者，更是网络学习的引导者。

（观点明确、有理有据即可。）

陋室铭

1. B

2.（1）出名 （2）博学的人 （3）弹奏 （4）说

3.（1）这是简陋的屋子，只是我的品德高尚（也就不感到简陋了）。[或：这是简陋的屋子，只是住在屋里的人的品德好（就不感到简陋了）。]

（2）没有奏乐的声音扰乱耳鼓，没有官府公文来使身体劳累。

4. 写出了陋室自然环境的清幽，目的是突出陋室的不陋。

小石潭记

1.（1）凉

（2）投射（照映，分布，散布）

（3）随从

2. 其岸势/犬牙差互

3. B

4.（1）潭里的鱼有一百来条，都像在空中游动，没有什么依托似的。

（2）溪流两岸的地形像犬牙似的互相交错，也不知道溪流的源头在什么地方。

岳阳楼记

1. B

2. A

3. A

4. 我曾经探求古代品德高尚的人的心思。

5. 范仲淹是个忧国忧民（有政治抱负、志向高远、有家国情怀）的人。文中的"先天下之忧而忧，后天下之乐而乐"一句，就是他的政治抱负，表达了忧国忧民的思想感情。（意思相近即可。）

醉翁亭记

1. A

2. 游人只知道跟随太守游玩的快乐。却不知道太守以游人的快乐为快乐啊。

3. 表达了作者寄情山水，与民之乐的志趣追求。（意思相近即可。）

爱莲说

1. ①语气助词，用于主谓之间取消句子独立性

②生枝；枝枝节节。

③但是。

④少；很少。

2.①我认为菊花是花中的隐士。

②对牡丹的爱，当然很多了！

3. 本文抒发了诗人不慕名利、洁身自好（不与世俗同流合污）的情感以及对追名逐利、趋炎附势的恶浊世风的鄙弃。

祖逖

1.（1）残害；（2）如果。

2.（1）自相残杀。（2）修筑起冶铁炉铸造兵器。

3. 首先召集作战勇猛之人一起向左丞相睿提出北伐收复中原的请求；获得力度不大的支持；渡江时发誓，表达收复中原的决心；在兵员装备供给不足的情况下，克服困难，自己铸造兵器；自己招募士兵。

读孟尝君传

1.（1）出：出现　所以：……的原因　至：到

（2）卒：最终　虎豹：像虎豹一样凶残

2.（1）世人都称许孟尝君能够赢得士人，士人因为这个缘故而归顺他，孟尝君最终依赖这些士人的力量，而从虎豹般的秦国脱身。

（2）孟尝君只是鸡鸣狗盗之辈的头子罢了，哪里足以说他赢得了士人？

伤仲永

1. 王安石

2.（同乡人）渐渐用宾客的礼节款待他的父亲。

3. 泯然众人　痛惜

记承天寺夜游

1.（1）念：考虑，想到

（2）相与：共同，一起

（3）盖：大概是

（4）饱：吃饱（使……饱，让……饱）

2.（1）只是缺少像我俩这样的闲人罢了。

（2）如果有可以观赏（观看）的地方，都可以获得快乐。

3.（1）在苏轼的眼中，月色（竹柏影）是可观（美好）的（直接引用"月色入户"或"庭下如积水空明，水中藻、荇交横，盖竹柏影也"也可）。

（2）苏轼受到贬谪，（在承天寺中）与友人一起漫步闲庭（欣赏月下美景），愁绪得到排遣（感受到快乐）。

赤壁赋

1. D

2. A

3.（1）从它们不变的一面来看，那么万物同我们一样都是永恒的，又羡慕什么呢！

（2）这是自然界无穷无尽的宝藏，我和你可以共同享受。

满井游记

1. 袁宏道《满井游记》

2. 乍：始、初　　　　　靧面：洗脸

然：……的样子　　　　之：主谓之间取消独立性

3. 总写句：高柳夹堤，土膏微润，一望空阔。

4. 中心句：始知郊田之外未始无春，而城居者未之知也。

5. 柳条将要舒展却还没有舒展，柔软的树梢在风中散开，麦苗破土而出，短小如兽颈上的毛，才一寸左右。

送东阳马生序

1. ①走：跑　②趋：奔赴　③容臭：香袋子　④缊：穿

2. C

3. 因为内心有足以快乐的事，不觉得吃的穿的不如人。

4. 用同舍生豪华的生活与自己节衣缩食的艰苦生活对比，从而表现作者专心致志、以苦为乐的学习态度。

5. 示例：①学习要勤奋刻苦；②对老师要有礼貌，要虚心求教；③要想学有所成，必须克服困难；做到有恒心、有毅力。

核舟记

1. 明朝　魏学洢

2.（他的作品）无不就着木头原来的样子摹拟（那些东西的）形状，各有各的神情态势。

3. A

湖心亭看雪

1.（1）消失（2）白汽弥漫的样子

2. 作者运用白描手法。按照由远及近，由大到小的次序，勾勒出一幅颇有意境的水墨画。

口技

1. C

2. D

3. 宾客们的心情稍微放松了些，渐渐地把身子坐正了。

狼

1. B

2.（1）敌：胁迫、攻击　（2）股：大腿

3. 骨头已经扔尽了，两只狼像原来一样一起追赶。

4. 开始屠户很害怕，存有侥幸心理，给狼扔了两块骨头但未能阻止狼的追赶；后来屠户镇定下来，丢掉幻想准备抵抗，奔过去倚靠在柴草堆下面，拿起屠刀；最后屠户坚定决心，勇敢斗争，跳起来，连砍几刀杀死了一只狼，又砍断了另一只狼的后腿并杀死了它。

5. 狼的形象：贪婪、狡诈、凶狠。这则故事讽喻像狼一样的恶人，不论怎样狡诈，终归是要失败的。（或者这个故事告诫人们，对待像狼一样的恶势力，不能存有幻想、妥协让步，必须敢于斗争，善于斗争，才能取得胜利。言之有理即可。）